Wilhelm Frickh
Alois Obermayr
Christa Pucher

Die neue Lust am Garten

Österreichischer Siedlerverband/Edition Gartenfach

E-mail: frickh.wilhelm@tmo.at
1. Auflage
ISBN: 978-3-9502901-0-3

Druck: kb-offset Kroiss & Bichler GmbH & Co KG, Regau
www.kb-offset.at

Printed in Austria

Wilhelm Frickh
Alois Obermayr
Christa Pucher

Die neue Lust am Garten

Ein Ratgeber für Gartenliebhaber

ÖSTERREICHISCHER SIEDELERVERBAND/EDITION GARTENFACH

Cilli gewidmet.

Dieses Buch möchte ich meiner verstorbenen Gattin Cilli widmen, die immer mit Liebe im Garten arbeitete. Sie legte Wert auf gesundes Gemüse und Obst aus dem eigenen Garten und verwöhnte damit die ganze Familie mit gesundem Essen.

Alois

Danke

allen, die zur Entstehung dieses Buches beigetragen haben: ÖSV Präsident Josef Klinger, Bezirksobmann Günter Pramendorfer und den Obleuten der 11 Siedlervereine des Bezirks Vöcklabruck. Landesgartenfachberater Helmut Stundner für die Verwendung seiner Kursunterlagen sowie der Marktgemeinde Frankenburg am Hausruck.

für das Lektorat an Romana Breuer.

allen, die Fotos zur Verfügung gestellt haben: Monika und Josef Frickh, Walter Staufer, Anton Binder-Reisinger, Christa Pucher, Peter Treibenreif und die Flickr-Community.

Viele Fotos stammen von den Gartenschauen in Vöcklabruck, Bad Schallerbach, Tulln und Oranienburg, einige vom Apothekergarten Salzburg, von der Arche Noah und den Kittenberger Erlebnisgärten in Schiltern, aus den Botanischen Gärten in Frankenburg und Linz, von der 'Natur im Garten'-Exkursion der oö. Umweltakademie, aus dem Agrarium Steinerkirchen, von Gartengestaltung Karl Sailer, Gärtnerei Stockenhuber, Schloss Puchheim, Stift Schlierbach, Schloss Sanssouci.

Fotos aus Privatgärten der Familien Kumpfmüller, Pitschmann, Stundner, Helml, Treibenreif, Aicher, Frickh, Aichinger, Weber, Lehrl, Seiringer, Spießberger, Pucher, Obermayr, Steinbacher, Seyringer, Höfer, Koller, Gruber, Hohensinn, Schatz.

Umschlagbild: ein Garten auf der Garten Tulln.

Inhaltsverzeichnis

Ein Garten bringt Freude.

Die Blumen und Pflanzen im Garten erfreuen uns jeden Tag aufs Neue. Nach einem arbeitsreichen Tag finden wir auf der Terrasse, in der Laube und selbst auf dem Balkon einen Ort der Ruhe und Entspannung. Es darf sich jeder glücklich schätzen, der so einen Rückzugsort hat.

Damit die Freude am Garten ungetrübt bleibt, müssen die Voraussetzungen stimmen. Als Interessensvertreter von über 71.000 Eigenheim- und Gartenbesitzern ist der Österreichische Siedlerverband in die Begutachtung von Gesetzen eingebunden, kümmert sich um rechtliche Angelegenheiten, Versicherungen und günstige Preise bei Energieanbietern, Bau- und Gartenfirmen.

Mehr als 350 Siedlervereine stellen Arbeitsgeräte für Haus und Garten zur Verfügung und sind Teil des kulturellen Lebens ihrer Gemeinden. Sie veranstalten Baumschnittkurse und Pflanzentauschmärkte, Gartenreisen und Vorträge, Naturwanderungen und karitative Aktionen.

Als Gartenfachberater liegt mir die Weitergabe von Wissen und Erfahrung besonders am Herzen und ich bin stolz, sagen zu können, dass wir auf jedem Fachgebiet kompetente Experten haben.

Willi Frickh, Alois Obermayr und Christa Pucher gratuliere ich zu diesem gelungenen Buch. Ich bin mir sicher, dass Sie die eine oder andere Anregung daraus gleich in ihrem Garten umsetzen.

Ihr

Josef Klinger
Präsident des Österreichischen Siedlerverbandes

Bunt wie ein Garten soll das Leben sein.

Bunt wie das Leben soll ein Garten sein.

Grau ist alle Theorie, dennoch ist sie die Grundlage jeden Fachgebietes. Erst das Verständnis, wie eine Pflanzenzelle funktioniert und Milliarden Bodenlebewesen totes Material zu fruchtbarem Humus umwandeln, führt uns zu den richtigen Erkenntnissen.

Bunt ist die Praxis. Versuch und Irrtum prägen unsere Gartenerfahrungen, wobei die positiven Erfahrungen überwiegen. Die Natur schafft es, manchmal sogar trotz unserer Bemühungen, uns mit üppiger Blütenfülle, prächtigem Gemüse und Obst zu überraschen.

Wer die Liebe zum Garten entdeckt hat, den lässt sie nicht mehr los. Was gibt es schöneres, als solch ein Hobby mit Gleichgesinnten zu teilen. Und davon gibt es gar nicht wenige. Als ich zum neuen Bezirksgartenfachberater im Siedlerverband Vöcklabruck wurde, lernte ich viele davon kennen.

Besonders beeindruckt mich der 81-jährige Alois Obermayr, der in Vorträgen und Kursen sein umfangreiches Gartenwissen weitergibt. Als er einmal seine Angst äußerte, sein Lebenswerk könnte verloren gehen, schlug ich spontan vor, einiges davon in einem Buch zusammenzufassen.

Da ich bereits die Erinnerungen meiner Mutter in zwei Büchern „Das Leben auf dem Land" erfolgreich herausgegeben habe, machte ich mich auch wirklich an die Arbeit. Die gestaltete sich umfangreicher als gedacht, denn Alois Obermayrs Material könnte leicht zehn Bände füllen. Ein Glücksfall war die Hilfe unserer Kräuterexpertin Christa Pucher.

Den Spezialisten, und viele Gartler sind das auf dem einen oder anderen Gebiet, werden viele Tipps in diesem Buch bekannt sein. Es ist der erste Band in der „Edition Gartenfach", weitere sollten dann näher auf bestimmte Themen eingehen.

Dieses Buch soll vor allem Neulingen und nicht so erfahrenen Gartlern einiges an schlechten Erfahrungen ersparen. Ich bin mir sicher: Die ersten Erfolge machen Lust auf mehr.

Viel Spaß mit diesem Buch und ungetrübte Gartenfreude wünscht
Willi Frickh

Ein Garten hält jung.

Wie man in der ersten Lebenshälfte isst, so fühlt man sich in der zweiten. Und da hilft gesundes Gemüse und Obst aus dem eigenen Garten besonders. Es ist schockierend, was bei Überprüfungen von Gemüse schon festgestellt wurde. Bei 100 g Rucola wurden einmal 1420 mg Nitrat über dem erlaubten Höchstwert festgestellt.

Biologisches Gemüse und Obst sind fester Bestandteil unserer Nahrung und damit untrennbar mit Wohlbefinden und Gesundheit verbunden. Meine drei Säulen für die Gesundheit lauten: Gesundes Gemüse mit dem höchsten Wert an Vitaminen und dem niedrigsten Wert an Nitrat, gesundes Obst aus dem eigenen Garten, sowie ausreichend gesunde Bewegung. Das erntet man im eigenen Garten und hat gesunde Freizeitgestaltung.

Alois Obermayr

Jeder Garten ist einzigartig und schön.

Kein Garten gleicht einem anderen. Jeder wählt seine Pflanzen nach seinen Vorlieben aus. Die unterschiedlichen Farben, Formen und Düfte erfreuen uns, steigern unser Wohlbefinden. Kräuter bezaubern mit charakteristischen Düften und einzigartigen Blüten. Wenn in der Wiese Gänseblümchen, Löwenzahn, Spitzwegerich und am Gartenrand Brennnesseln wachsen dürfen, bereichert das unseren Garten und Speiseplan.

In meinem Gemüsegarten haben sich Wildkräuter schon vor vielen Jahren eingeschlichen und vertreiben ließen sie sich nicht. Kommen sie so hartnäckig zu uns weil wir sie brauchen? Ich bin davon überzeugt und gebe meine Kenntnisse und Erfahrungen gerne bei einer Kräuterwanderung und hier in diesem Buch an Sie weiter.

Christa Pucher

Die neue Lust

Das Glück liegt auf der Erde

Willst du für eine Stunde glücklich sein, so betrinke dich.
Willst du für drei Tage glücklich sein, so heirate.
Willst du für acht Tage glücklich sein,
so schlachte ein Schwein und gib ein Festessen.

Willst du aber ein Leben lang glücklich sein, so schaffe dir einen Garten.
(Chinesisches Sprichwort)

Der fernöstliche Garten - ein Traum vom Leben im Einklang mit der Natur.

Die neue Lust

Jahrelang wurden Gemüsegärten aufgelassen und wichen eintönigen Rasenflächen. Zu viel Arbeit, billiges Gemüse aus dem Supermarkt und nicht zuletzt die Schneckenplage machten den Hausgärten den Garaus. Eintönigkeit machte sich breit.

Seit einiger Zeit ist ein gegenläufiger Trend zu beobachten. Es werden wieder Beete angelegt, Salat, Radieschen und Karotten werden angebaut. Der Garten wird gestaltet, Natur wird nachgebaut, Wellness-Bereiche werden geschaffen.

Gartensendungen und -vorträge erfreuen sich großer Beliebtheit, Gartenreisen werden veranstaltet und Gartenbücher geschrieben. Gartenschauen sind Publikumsmagnete, Kloster- und Schlossgärten können besichtigt werden, genau so wie viele Privatgärten.

Eine Hoch-Zeit erlebt der Garten.

Garteln liegt im Trend

Tomaten in allen Formen und Farben werden gepflanzt, Pfefferoni ebenso. Raritäten sind gefragt. Violette Karotten, blaue Bohnen, lila Erdäpfel, weiße Zucchini, schwarze Himbeeren, weiße Erdbeeren, grüne Paradeiser. Japanische Kürbisse, Goji-Beeren aus dem Himalaya, Andenbeeren, fernöstliche Kräuter. Unsere Gärten sind international geworden.

So viele Sorten laden zur Verkostung.

Schlichtheit im Meditationsgarten, oder üppige Fülle im Farbengarten – Schauen und Staunen ist angesagt. Es werden keine Mühen und vor allem Kosten gescheut, etwas Besonderes aus dem Stückchen Erde zu machen, das sich um das Haus erstreckt.

Gartenlust statt Gartenfrust

Groß ist die Enttäuschung, wenn die kostbaren, jungen Pflänzchen über Nacht kahl gefressen sind. Da wird mancher Garten schnell zum Chemielabor, dabei wollte man doch als ‚intelligenter Fauler' ungespritzten Salat ohne Schnecken und Läuse ernten.

Plagegeister müssen nicht zur Plage werden.

Gesundheit die man essen kann

Dass sich etwas Mühe trotzdem lohnt, und dass man Gesundheit essen kann, davon ist der über 81-jährige Alois Obermayr überzeugt. Seinen großen Erfahrungsschatz als Gartenfachberater und Referent gibt er in diesem Buch in wertvollen Tipps weiter.

Einfache und in jahrzehntelanger Erfahrung erprobte Methoden der Gartenbearbeitung bringen ganz sicher auch einem Gartenneuling den erhofften Erfolg. Und auch die ‚alten Hasen' wissen: Man lernt nie aus. In der Natur gibt es immer wieder Neues zu entdecken.

Der fernöstliche Garten - eine Quelle der Inspiration.

Zurück zur Natur

„Wege zur Natur im Garten" heißt eine Aktion der Umweltakademie des Landes Oberösterreich, die Methoden vorstellt, wie wir in unserem Garten im Einklang mit der Natur leben können. Naturgärten sind schön, leisten einen Beitrag zum Natur- und Umweltschutz und sind zeit- und kostensparender als konventionelle Gärten. Sie sind eine Rückzugsoase für stressgeplagte Menschen, für Tiere und Pflanzen.

Vieles macht die Natur selber. Diese Broschüren geben wertvolle Anleitungen.

Ein Stück vom Paradies

Seit der Vertreibung aus dem Paradies sehnt sich der Mensch nach einem Garten Eden. Die Araber brachten ihre Gartenkunst bis nach Spanien, die Herrscher Europas ließen französische Barockgärten um ihr eigenes Versailles errichten, der englische Landschaftsgarten wurde zum Ideal, der fernöstliche Garten weckte die Sehnsucht nach einem Ort der Ruhe und Besinnung.

Der Kräutergarten im Kloster Schlierbach.

Tausend Jahre Gartenkultur

Klostergärten waren die Vorbilder für die Bauerngärten und die Landwirtschaft. Kartoffeläcker sicherten den Menschen das Überleben und Schrebergärten versorgten sie mit gesundem Gemüse und Obst.

Feldmäßiger Anbau von Gemüse ist heute die Ausnahme.

War nach dem Zweiten Weltkrieg die Selbstversorgung wichtig, so wurde der Garten nach und nach zum Erholungsraum. Grill- und Gartenfeste entwickelten eine eigene Kultur. Swimmingpools machten den Garten zum Freizeitpark.

Sanssouci - Friedrich der Große schuf sich in Potsdam seinen Gartentraum.

Gärten sind kein Luxus mehr

Konnten sich früher nur Fürsten und Könige Gartenarchitekten leisten, so sprossen in den letzten Jahren Landschaftsplaner und Gartengestalter wie Pilze aus dem Boden. Mit etwas Geschick kann man sich auch selbst ein kleines Paradies schaffen.

75 Jahre Gartenerfahrung

Bereits als Fünfjähriger half Alois Obermayr seiner Mutter im Garten und seine Begeisterung hat seither nicht nachgelassen. Er blickt damit auf fast 80 Jahre Gartenerfahrung zurück, hat alles selber ausprobiert und seine Erkenntnisse mit denen aus der Literatur verglichen.

Alois blickt auf einen langen Weg zurück - und nach vorn.

Wie die Alten sungen

Einige Methoden von früher erkannte Alois als Fehler. Das Umgraben im Frühling zerstört unnötig die Bodenfruchtbarkeit und die Verwendung von frischem Mist begünstigt Schädlinge und bringt den Pflanzen Nachteile. Früher wurde der Mist eingestochen und verfaulte in den tieferen Schichten.

Boden lockern ist viel wichtiger als Umstechen.

Wird der Mist kompostiert, tritt eine Verrottung ein und bringt hochwertigen Kompost. Vom Kunstdünger wandte sich Alois Obermayr wieder ab und setzt ganz auf Kompostwirtschaft.

Ganz auf Kompost setzt Alois. Er bezeichnet ihn als das „Gold des Gärtners".

Was mit Ribiseln begann

Vor 40 Jahren pflanzte ich, Willi Frickh, meine ersten Radieschen und bin seither dem Gartenvirus verfallen. Im eigenen Garten war da zuerst ein einziges Beet mit einer Ribiselstaude, doch jedes Jahr kam ein bisschen was dazu. Der eigene Garten war bald nicht mehr genug und so werkte ich auch in Gärten von Freunden und Bekannten. Erst später stieß ich im Siedlerverein auf viele Gleichgesinnte und auf Alois Obermayr und Helmut Stundner, den Landesgartenfachberater des SV Oberösterreich, als Lehrmeister.

Gartenfachberaterkurs (v.l.) Willi Frickh, Landesgartenfachberater Helmut Stundner, Karl Suppan, Anna Zeilinger, Josef Frickh, Monika Frickh, Franz Krätschmer.

Kompetenz und Schwung

Die erfolgreiche Landesgartenschau in Vöcklabruck 2007 brachte neuen Schwung ins Gartenfach des Siedlerverbandes. Neue Vermittlungsformen und bewährtes Gartenwissen bringen den Veranstaltungen der Siedlervereine regen Zustrom.

„Wo die Gärten Brücken schlagen". 11 Siedlervereine arbeiteten bei der Vöcklabrucker Landesgartenschau.

Langjährige und neue Gartenfachberaterinnen und –berater decken alle Bereiche des Gartenfachs ab. Von Obst- und Beerenspezialisten bis zu Pilz- und Kräuterfachleuten findet man in den Siedlervereinen kompetente Ansprechpartner.

Für fast alles ist ein Kraut gewachsen

Kräuterexpertin Christa Pucher ist die Dritte im Bunde der Bezirksgartenfachberater und mit Alois Obermayr und mir zeichnet sie sich mitverantwortlich für dieses Buch.

Mehr dazu im Kapitel Kräuter.

1. Einen Garten gestalten

Im Naturgarten gibt es viel zu entdecken. Der Garten von Markus Kumpfmüller, Steyr, vom begrünten Dach aus.

Und der Rest ist Garten

Viele bestehende Gärten wurden nie geplant. Sie haben sich so ergeben. Bäume sind zu hoch geworden und stehen zu dicht am Haus oder am Zaun. Die Sträucher sind zu dicht. Wege sind unpraktisch, Sitzplätze zu klein.

Dieses Buch gibt Anregungen und Tipps, wie aus einem bestehenden Garten mehr gemacht werden kann.

Bei einer Neuanlage lässt sich alles planen. Der Siedlergarten bei der Landesgartenschau Vöcklabruck vor der Bepflanzung.

Einen Garten neu anlegen

Bei einer Neuanlage eines Gartens können die meisten Fehler vermieden werden. Mit etwas Planung lässt sich eine grüne Oase schaffen, ein Wohnzimmer im Grünen.

Was will ich im Garten tun?

Wichtig ist, zuerst seine Wünsche und Lebensbedingungen zu erforschen. Hat man überhaupt Zeit, die Morgensonne beim Frühstück im Grünen zu nutzen, oder sitzt man lieber draußen in der Abendsonne?

So ein Sitzplatz im Freien ist ein verlängertes Wohnzimmer.

Haben Kinder Platz im Garten?

Oder ist das Betreten des Rasens verboten?

Was bringt ein Gemüsegarten, wenn man kein Gemüse isst oder ein Schwimmteich, wenn man Nichtschwimmer ist oder Angst hat, neben einer Ringelnatter zu schwimmen?

Was soll mir der Garten bringen?

Je nach Größe des Gartens, den finanziellen Mitteln und dem zu erwartenden Pflegeaufwand sollte eine Kosten-Nutzen-Rechnung aufgestellt werden. Wie oft nutzen wir einen Pool und wie viele Stunden Pflege braucht er? Fordern die Kinder Platz zum Fußball spielen und für Rutschen und Klettertürme, oder ist ein Spielplatz in der Nähe? Wie oft wird im Sommer gegrillt? Brauchen wir dazu eine Riesengrillanlage? Wie viel Obst, Beeren und Gemüse essen wir?

Viel Platz für Kinder.

Das Grundstück

Ein Platz an der Sonne

Die Sonne bestimmt, wie wir den Garten einteilen. Sonnen- und Schattenplätze werden unterschiedlich genutzt.

Große Bäume werfen große Schatten.

Obst und Gemüse brauchen Sonne, wir brauchen in der Sommerhitze Schatten. Kinder brauchen Platz, ein Wildnisgarten braucht Ruhe.

Die Frühlingssonne bringt vieles zum Blühen. Kugelprimeln und Narzissen nutzen die Sonne unter Bäumen noch bevor diese Blätter treiben.

Hangneigung

Böschungen sind immer ein Blickpunkt.

Aufwändiger aber oft auch schöner sind Gärten am Hang. Die hängenden Gärten der Semiramis wurden sogar zum Weltwunder. Mit etwas Geschick können auch Sie ihren Hang zu einem kleinen Wunder machen.

Eine Befestigung brauchen Hänge unbedingt. Steinterrassen sind eine reizvolle Möglichkeit.

Größe des Grundstücks

Will man nicht zum Sklaven seines Gartens werden, ist Bescheidenheit angebracht. Vergrößern geht immer.

Small is beautiful

Viel Ertrag auf wenig Raum bringen Hochbeete.

Selbst auf dem kleinsten Grundstück ist Platz für einen Garten. Ist auch kein Platz für ein Fußballfeld, so findet sich sicher eine Ecke für einen Sandkasten. Schon ein einziges Hochbeet bringt eine Menge Gemüse.

Ist kein Platz für einen Obstgarten, so können die kleinen Baumformen genutzt werden, die der Handel anbietet. Ein Obstspalier braucht wenig Platz. Selbst eine Terrasse oder ein Balkon kann in eine grüne Oase verwandelt werden.

Obst auf kleinstem Raum. Ein Apfelbaum als Beeteinfassung.

Riesenflächen bewältigen

Haben Sie einen riesengroßen Garten, stellt sich die Frage, wie Sie die Arbeit bewältigen, ohne dass Sie einen Gärtner anstellen. Stundenlanges Rasenmähen sorgt für Bewegung, wird aber zur Qual, wenn der Nachbar schon längst in der Hängematte liegt. Und für ihn wird der Lärm zur Belästigung.

Rasen mähen bis es dunkel wird.

Vielleicht wäre es besser, das Gras auf der Blumenwiese nur zwei Mal im Jahr zu mähen und sich an jeder Menge Wiesenblumen, Heuschrecken und Schmetterlingen zu erfreuen. Große Flächen erfordern also etwas mehr Intelligenz und Gespür für die Natur.

Im Schatten in der Hängematte liegen. Ist doch besser als stundenlanges Rasenmähen.

Nicht zu groß und nicht zu klein

Die Größe eines Gemüsegartens richtet sich nach den Eßgewohnheiten der Familie. Früher wurde pro Person 10 bis 20 Quadratmeter gerechnet, das reichte zur Gemüseversorgung für das ganze Jahr. Heute sind die Bedürfnisse anders und es reicht oft ein Hochbeet. Die Größe des Gartens richtet sich natürlich auch danach, ob ein Beerengarten im Gemüsegarten integriert wird.

Das Klima

Weinbauklima ist für viele frostempfindliche Pflanzen notwendig. Oberösterreich war einmal das Weinbaugebiet Österreichs und Ortsnamen wie Weinberg und Regau (Rebgau) deuten noch heute darauf hin. Der Klimawandel könnte dafür sorgen, dass es so weit westlich wieder mehr Weingärten gibt. Erste Versuche zeigen bereits Erfolge und sogar in Bad Ischl gibt es schon sehr guten Wein.

Gemüsegarten im Botanischen Garten der Universität Salzburg.

Im geschützten Hof wachsen Trauben, Kiwi und Marillen viel lieber.

Kleinklima

Windschneisen zwischen den Häusern, Kaltluftseen und Spätfröste beeinträchtigen nicht so robuste Pflanzen oft stark. Eine warme Hausmauer, eine Steinmauer oder eine Windschutzhecke können das Klima positiv verändern. Aber auch Gewässer mildern den Frost in der Umgebung und sichern empfindlichen Arten das Überleben.

Einen Heizkörper für die Nacht hat diese Weinrebe.

Regenwasser

Regenwasser zu nutzen, wird in Zeiten des Klimawandels immer wichtiger. Außerdem ist Regenwasser von der Temperatur und vom Kalkgehalt besser für den Garten. Mit Wasserfässern kommt man meist nicht über längere Trockenperioden hinweg. Besser ist da ein Regenwassertank oder eine Zisterne. Deren Wasser wird oft auch für Klospülung und Waschmaschine verwendet.

Regenwasserteich

Eine kostengünstige Alternative für den Garten ist ein Regenwasserteich. Je nach Gelände kann sein Wasser sogar ohne Pumpe genutzt werden.

Ein Zaun zum Schutz für Kinder und Tiere ist unbedingt erforderlich.

Der Regenwasserteich von Markus Kumpfmüller in Steyr.

Der grüne Tipp

Grün hinterlegt geben wir praktische Tipps. Die meisten sind von Alois, einige von Christa und mir.

Wasserschnecken und Rohrpflanzen sorgen im Teich dafür, dass es zu keiner Gelsenplage kommt. Die Gelsen kommen meist aus dem Regenfass. Gibt man im Frühling ein paar solcher Schnecken hinein, gibt es keine Gelsenplage. Das Wasser nie ganz entleeren. Im Herbst kommt der letzte Kübel Wasser mit den Schnecken wieder in den Teich.

Regenwasser versickern lassen

Je vielfältiger unser Garten ist, umso mehr Wasser wird er bei Regen aufnehmen können und nur langsam an Oberflächengewässer und Grundwasser abgeben. Bei immer mehr versiegelten Flächen wie Straßen, Garagenvorplätzen und Dächern sollten wir im Garten einen Beitrag dazu leisten, dass das Wasser gespeichert wird und nicht zu schnell abfließt und die Hochwassergefahr erhöht.

Oft ist ein Schotterrasen als Autoabstellplatz ausreichend. Wird alles zubetoniert, zeigt sich nach ein paar Jahren, dass wieder aufgegraben werden muss.

Eine Kräuterrasenmischung sorgt bald für Vielfalt auf der Schotterfläche.

Rasengittersteine befestigen den Platz und lassen Wasser durch. Im Hochsommer heizen sich die Steine allerdings so auf, dass das Gras verbrennt.

Stört das Moos hier wirklich?

Gartenräume

Themengärten zeigen uns, wie wir einzelne Bereiche unserer Gärten nutzen können. Hecken und Zäune verstecken einzelne „Gartenzimmer“ und Pergolen, Bögen und Tore bieten reizvolle Durchblicke.

Der Durchgang muss nicht immer so massiv sein wie hier bei der Botanica 09.

Einteilung der Gartenräume

Als erstes nimmt man einen Plan von seinem Grundstück und zeichnet seine Wünsche ein. Eingangsbereich, Garagenzufahrt und Vorgarten ergeben sich von selber. Terrassen und Sitzplätze richten sich nach Sonne und Schatten.

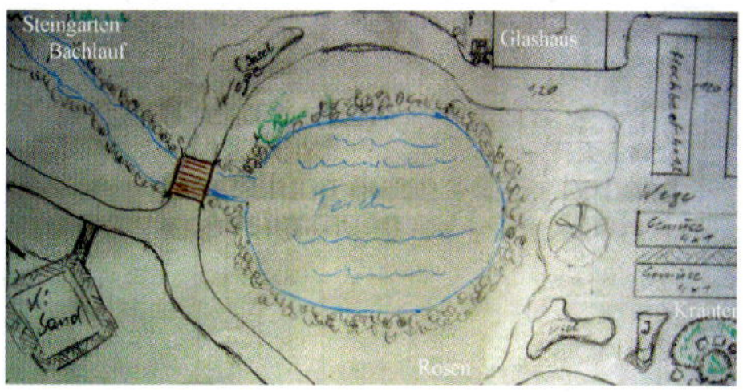

Das war der erste Plan des Siedlergartens bei der Gartenschau in Vöcklabruck.

Volle Sonne brauchen Pool, Schwimmteich und Liegewiese. Gemüse- und Kräutergarten sollten gut erreichbar sein. Der Kompostplatz wird fast immer zu klein bemessen. Es sollte genügend Platz für Scheibtruhe und Wurfgitter vorhanden sein. Auch ans Gießen sollte man denken. Eine Regentonne oder Wasserleitung an geeigneter Stelle hilft gegen Wasserschleppen.

Weniger ist mehr

Es ist wichtig, jedem Teil des Gartens eine Funktion zuzuweisen, sonst sind Chaos und Wildnis vorprogrammiert. Am Sitzplatz herrscht Gedränge, wenn ein, zwei Gäste mehr kommen, sie steigen auch noch in die Blumenbeete, weil sie den Weg abkürzen. Die Himbeeren wachsen durch den Gemüsegarten, die Bäume werden so hoch, dass sie drohen, beim nächsten Sturm aufs Haus zu fallen.

Flachgelegter Flachwurzler. Nicht nur diese Fichte vor dem Schloss Frein in Frankenburg fiel dem Sturm Emma zum Opfer.

Ganz schön teuer kann es werden, wenn die Bäume zu hoch sind.

Ist der ideale Platz für Sitzplätze, Spielplatz, Grillplatz, Liegewiese, Obst- und Gemüsegarten gefunden, stellt man meist fest, dass sich das alles nicht so ausgeht. Zum Fußballspielen bleibt in den meisten Gärten kein Platz. Weniger ist mehr, ist da die Devise. Es ist besser, auf einiges zu verzichten und das Verbleibende dann großzügiger zu gestalten.

Großzügig planen

Wer schon länger einen Garten hat, weiß dass meist der Sitzplatz zu klein ist.

Endlich breitere Wege. Auch ich fing in meinem Garten viel zu schmal an.

Die Wege sind oft zu schmal. Beim Kompost hat man kaum Platz für die Scheibtruhe. Viele Stauden und Sträucher überwuchern alles und müssen mühsam ausgeschnitten werden. So viel Obst hat man gar nicht gewollt. Wer hat heute noch einen Lagerkeller oder will einkochen. Und dann die Unmengen an Fallobst. Eine gute Planung und Einteilung hilft viel Arbeit und manchen Ärger zu sparen.

Obsternte von einem Baum. Viel zu viel von einer Sorte.

Bei zu viel Herbstobst, könnte auf Wintersorten umveredelt werden.

Nutzgarten

Ein Gemüsegarten darf ruhig danach aussehen, dass darin Lebensmittel produziert werden. Eigentlich genügt ein kleines Feld, auf dem Salat, Karotten und Kohlrabi angebaut werden.

Unsere Vorstellung von einem Gemüsegarten ist jedoch von den Klostergärten und Bauerngärten geprägt. Auf engstem Raum finden sich Gemüse, Kräuter, Blumen und Beeren. Kindheitserinnerungen werden bei vielen wach.

Gemüsegarten im Süden

Volle Sonne für den Salat.

Bei der Anlage eines Gemüsegartens sollte auf eine geschützte, sonnige Lage geachtet werden. Der Boden sollte eben oder nur leicht nach Süden oder Südosten geneigt sein. Beim Untergrund ist darauf zu achten, ob es sich um Schüttmaterial handelt, oder bei verdichtetem Boden um stauende Nässe.

Überschwemmt.

Windschutz wird nicht nur durch einen klassischen Zaun wie im Bauerngarten erreicht, auch eine Beerenhecke kann dazu dienen.

Beeren zum Naschen

Die Größe des Beerengartens richtet sich nach den Vorlieben der Nutznießer: Marmelade einkochen oder nur naschen.

Beeren können auch in den Himmel wachsen wie diese schwarze Himbeere im Garten von Andreas Aichinger in Gschwandt bei Gmunden.

Obstgarten

Hier klaffen Wunsch und Wirklichkeit oft weit auseinander.

Im normalen Garten ist kein Platz für mehrere Baumreihen. Außerdem fällt dann immer zu viel Obst von einer Sorte an. Manche Bäume gedeihen in unserem Klima nicht.

Diese Obstlaube bringt auf engstem Raum große Vielfalt. Sie bedeutet aber auch einiges an Pflege.

Trotzdem gibt es gute Möglichkeiten, einiges an Obst zu ernten. Mehrere Sorten an einem Baum sparen Platz und bringen dennoch Vielfalt. Kleine Bäume eignen sich für verschiedene Spalierformen und ein Marillen- oder Pfirsichbaum findet an der Hauswand Platz.

Als Spalier braucht ein Birnbaum wenig Platz und verschönert die Hauswand.

Obstbäume bedeuten Pflege

Im Obstgarten geht es nicht ohne Kenntnisse und Pflegeaufwand.

Populär sind die kostenlosen Baumschnittkurse der Siedlervereine.

Die Gartenfachberater der Siedlervereine beraten, geben Tipps und praktische Anleitungen. Vorträge und Baumschnittkurse geben das nötige Know-how.

Ziergarten

Was wäre ein Garten ohne Blumen? Außer ganz wenigen, die im Zen-Garten jeden Morgen mit einem zahnlückrigen Rechen ihre Kreise durch den Kies ziehen wollen, wünschen sich die meisten in ihrem Garten eine üppige Blütenfülle wie aus dem Gartenkatalog.

Dass bei den prachtvollen Bildern oft ein wenig nachgeholfen wurde, muss einem klar sein. Schließlich brauchen die Pflanzen auch Blätter zum Wachsen. Trotzdem gibt es pflegeleichte Blumen, mit denen man lange Freude hat.

Ganz schön schwierig, es so hinzubringen, dass immer etwas blüht.

Trotzdem kann man mit der richtigen Auswahl einiges erreichen und wirkungsvolle und trotzdem pflegeleichte Blühpflanzen für den Vorgarten, die Böschung oder ein Staudenrabatt finden.

Mehr Wissen und Aufwand brauchen Pflanzen, die bei uns normalerweise nicht die richtigen Bedingungen finden.

Einheimische Pflanzen sind an unser Klima angepasst, Insekten und Vögel können oft mehr damit anfangen, als mit Exoten oder überzüchteten Sorten.

Der Steingarten bringt hochalpine Vegetation in den Garten.

Reizvoll ist so ein Moorbeet.

Sauer macht lustig

Moor- und Heidepflanzen brauchen unbedingt sauren Boden. Trotzdem werden jedes Jahr Tausende Rhododendren in viel zu kalkhaltige Erde gepflanzt. Wenn die Nährstoffe aus ihrem Wurzelballen verbraucht sind, gehen sie ein.

Die Rhododendren jenseits des Zauns wurden im selben Jahr in kalkhaltige Erde gepflanzt und vegetierten nach der ersten Blüte nur noch so dahin. Inzwischen wurden sie entfernt.

Wer unbedingt Rhododendren, Azaleen und Hortensien bei uns pflanzen möchte, muss die kalkhaltige Erde großzügig gegen Moorbeeterde austauschen. Eine Pflanzgrube von 80 cm Durchmesser und 50 cm Tiefe ist erforderlich.

Letzte Rettung. Die Erde wurde großzügig ausgetauscht und gemulcht.

Blumen, Sträucher, Bäume

Zur ‚Erbauung', heißt es altmodisch, dienen uns die Zierpflanzen. Blumen in ihrer Vielfalt bringen uns in direkten Kontakt mit der Natur. Sie sprechen unsere Gefühle an und wir drücken sie damit aus, wenn wir rote Rosen verschenken.

Blumen begleiten uns durch die Jahreszeiten. Wir können es kaum erwarten, dass mit den ersten Schneeglöckchen der Winter zu Ende geht, zu Ostern Märzenbecher blühen und der Flieder seinen Duft verströmt.

Blumenzwiebeln

Ungerührt von Frost und Kälte tauchen die ersten Zwiebelblumen unsere Gärten in satte Farben, wenn die Tage schon merkbar länger werden und die Strahlen der Frühlingssonne Kraft bekommen.

Frühlingsblüher

Anemone, Anemone blanda
Blausternchen, Scilla sibirica
Frühlingsknotenblume, Leucojum vernum
Hyazinthe, Hyazinthus orientalis
Iris, Iris hollandica, I. anglica, I. reticulata
Kaiserkrone, Fritillaria imperialis
Krokus, Crocus vernus
Narzisse, Trompeten-, Narcissus pseudonarcissus, Großkronige-, N. incomparabilis, Dichternarzisse, Narcissus poeticus.
Schachbrettblume, Frittilaria meleagris
Schneeglanz, Chionodoxa
Schneeglöckchen, Galanthus nivalis
Traubenhyazinthe, Muscari armeniacum
Tulpe, Tulipa
Winterling, Eranthis hyemalis

Einzigartig im Pflanzenreich speichern Zwiebelblumen Nährstoffe, Stärke, Proteine und Wasser in ihren Zwiebeln, die sie mit purer Wuchskraft aufgetankt haben. Dadurch sind sie Selbstversorger und brauchen nur etwas Wärme und Licht, um wachsen zu können.

Anemone blanda.

Fritillaria meleagris.

Blumen im Rasen

Nichts hebt die Stimmung mehr als eine Wiesen- oder Rasenfläche, übersät mit bunten Blütensternen in Gelb, Violett, Weiß und Blau. Erste Insekten stürzen sich hungrig auf die Pollen und erfüllen den Garten mit leisem Summen.

Nur magere Wiesen eignen sich für die Verwilderung von Blausternchen, Krokus und Schneeglöckchen. Feuchte Wiesen sind ideal für Narzissen, Märzenbecher und im späteren Frühjahr für Schachbrettblumen.

Frühjahrsblühende Zwiebelblumen müssen mit Wachstum und Blüte abgeschlossen haben, bevor andere Pflanzen aufleben und ihnen Licht und Regen abhalten. Daher eignen sich die frühlingsblühenden Blumenzwiebeln gut zur Unterpflanzung von Bäumen und Sträuchern.

Die Zwiebeln müssen nach der Blüte durch die Photosynthese der Blätter wieder voll auftanken. Daher ist es wohl der größte Fehler, ihnen die Blätter vor dem Vergilben abzumähen.

Sommerzwiebeln

übertreiben es manchmal mit ihren großen, schweren Blüten. Es lohnt sich auf jeden Fall, die winterfesten Arten zu pflanzen. An blühenden Lilien geht keiner vorbei.

Sommer- und Herbstblüher

Begonie, Begonia tuberhybrida usw.
Canna, Ind. Blumenrohr, Canna indica
Dahlie, Dahlia cultorum
Freesie, Freesia
Gladiole, Gladiolus
Hasenglöckchen, Scilla hispanica
Herbstzeitlose, Colchicum autumnale
Lilie, Lilium
- Madonnenlilie, L. candidum
- Feuerlile, L. umbellatum
- Prachtlilie, L. speciosum
- Königslilie, L. regale

Montbretie, Crocosmia
Pfauenlilie, Tigerblume, Tigrida pavonia
Ranunkel, Ranunculus asiaticus
Schmucklilie, Agapanthus
Steppenkerze, Eremurus
Zierlauch, Allium
Riesenlauch, A. giganteum

Gladiolen und Dahlien haben ihre Liebhaber, denen die Arbeit mit dem Überwintern nicht zu viel ist.

Einjährige Sommerblumen

Ein Blütenmeer für einen Sommer zaubern die Einjährigen aus der Samentüte.

Samen von empfindlichen Sommerblumen kommen im Mai in das Blumenbeet, denn bis diese aufgehen gibt es keine Fröste mehr. Vorgezogene Sommerblumen werden erst nach den Eismännern ausgepflanzt. Auf den Beeten von frostharten Sommerblumen wird das Unkraut entfernt und der Boden vorsichtig gelockert.

Blütenpracht für einen Sommer

Adonisröschen, Adonis
Aster, Callistephus chinensis
Atlasblume, Sommerazalee. Godetia
Balsamine, Impatiens balsamina
Bartfaden, Penstemon
Bechermalve, Lavatera trimestris
Begonien, Begonia Semperflorens-Sorten
Blaudolde, Didiscus
Blaues Gänseblümchen, Brachycome
Buntnessel, Coleus
Dahlie, Dahlia variabilis
Eisenkraut, Verbena

Elfenspiegel, Nemesia strumosa
Flockenblume, Kornblume, Centaurea
Fuchsschwanz, Amaranthus
Gazania, Gazania splendens
Gauklerblume, Mimulus luteus, M. tigrinus
Glockenrebe, Cobaea scandens
Goldmohn, Eschscholzia californica
Heliotrop, Sonnenwende, Heliotropium arb.
Hahnenkamm, Celosia
Jungfer im Grünen, Nigella damascena
Kapmargarite, Osteospermum
Kapringelblume, Dimorphotheca u.
Kapuzinerkresse, Tropaeolum
Kokardenblume, Malerbl., Gaillardia pulch.
Kratzdistel, Cirsium japonicum
Leberbalsam, Ageratum
Levkoje, Matthiola incana
Lobelie, Lobelia erinus

Löwenmäulchen, Antirrhinum majus
Mädchenauge, Coreopsis
Mittagsblume, Dorotheanthus
Mohn, Papaver
Nelke, Dianthus
Ochsenzunge, Anchusa
Petunie, Petunia
Phlox. Phlox drummondii

Portulakröschen. Portulaca grandiflora
Reseda, Reseda odorata
Ringelblume, Calendula officinalis
Rittersporn, Delphinium ajacis
Salbei, Feuersalbei, Salvia splendens
Schönmalve, Abutilon
Schönranke, Eccremocarpus
Schleierkraut, Gypsophila elegans
Schleifenblume, Iberis amara, I. umbellata
Schmuckkörbchen, Cosmea, Cosmos bipinnatus
Skabiose, Scabiosa atropurpurea
Sommeraster, Callistephus chinensis
Sommerfuchsie, Klarkie, Clarkia elegans
Sommerphlox, Phlox drummondii
Sommerrittersporn, Delphinum consolida
Sonnenblume, Helianthus annuus

Sonnenhut, Rudbeckia hirta
Spinnenpflanze, Cleome spinosa
Steinkraut, Alyssum maritimum
Strohblume, Helichrysum bracteatum
Studentenblume, Tagetes
Trichtermalve, Malope trifida
Trichterwinde, Ipomoea
Trompetenzunge, Salpiglossis sinuata
Wicke, Lathyrus odoratus
Winteraster, Chrysanthemum indicum
Ziertaback, Nicotiana
Zinnie, Zinnia elegans

Fast ganz schwarz blühte diese Stockrose in meinem Garten.

Zweijährige Sommerblumen

Im Mai beginnen die Zweijahresblumen ihre Pracht zu entfalten. Vergissmeinnicht, Stiefmütterchen und Goldlack zählen zu den beliebtesten.

Im zweiten Jahr blühen

Bartnelke, Dianthus barbatus
Fingerhut, Digitalis purpurea
Goldlack, Cheiranthus cheiri
Islandmohn, Papaver nudicaule
Königskerze, Verbascum densiflorum
Lunaria, Judassilberling, Lunaria annua
Marienglockenblume, Campanula medium
Bellis, Gänseblümchen, Maßliebchen, Tausendschön, Bellis perennis
Schöterich, Erysimum allionii
Stiefmütterchen, Viola wittrockiana
Hornveilchen, Viola cornuta.
Stockrose, Malve, Alcea rosea
Vergissmeinnicht, Myosotis
Wolfsmilch, Euphorbia lathyris

Im Juni können Zweijahresblumen gesät werden. Dazu kurze Hinweise: Samen von den so schönen **Marienglockenblumen** (Campanula medium) keimt erst nach 2-3 Wochen, deswegen in Anzuchtkästen säen und nach 4-5 Wochen pikieren. Erst als gut entwickelte Pflanzen setzen.

Stockrosen früh im Juni säen, jeweils 2-3 Samen in Töpfe, nach dem Aufgehen nur den kräftigsten Keimling stehen lassen.

Bartnelken ebenfall früh säen.

Bellis sind in der zweiten Junihälfte dran und sollten bis zum Keimen im Schatten stehen.

Stiefmütterchen sind Dunkelkeimer und man sollte das Aussaatgefäß kühl und dunkel stellen.

Goldlack Ende Juni bis Juli in Torftöpfe säen und früh auspflanzen. Auf Befall von Erdflöhen achten. Zur Vorkultur in Schalen oder Töpfen nur keimfreies Substrat verwenden.

Sofort auf ein Freilandbeet werden **Vergissmeinnicht,** Fingerhut, Königskerzen und Judassilberlinge gesät.

Stauden

Farbenpracht für viele Jahre bieten ausdauernde, krautige Gewächse, die jedes Jahr neu austreiben. Sie machen wenig Arbeit. Ab und zu ein bisschen düngen und im Herbst oder Frühling die dürren Stängel entfernen ist schon fast alles. Es gibt Stauden, die Jahrzehnte am selben Platz bleiben wollen, andere muss man alle paar Jahre teilen.

Alant, Inula
Akelei, Aquilegia
Aster, Sommeraster, A. amellus
  Herbstaster, Aster dumosus,
  A. novae-angliae. A. novi-belgii
Astilbe, Prachtspiere, Astilbe
Bergenie, Bergenia
Berufskraut, Erigeron

Blaukissen, Aubretia
Blutweiderich, Lythrum salicaria
Christrose, Schneerose, Helleborus
Chrysantheme, Winteraster,
  Chrysanthemum indicum
  Wiesenmargarite, C. leucanthemum
  Sommermargarite, C. maximum
  Bunte Margarite, C coccineum
Dachwurz, Hauswurz, Sempervivum

Diptam, Brennender Busch, Dictamnus
Edeldistel, Eryngium

Eisenhut, Aconitum
Fackellilie, Kniphofia
Färberkamille, Anthemis
Federnelke, Dianthus plumarius
Fetthenne, Sedum
Funkie, Herzlilie, Hosta

Gänsekresse, Arabis
Gelenkblume, Physostegia
Gemswurz, Doronicum
Glockenblume.,Campanula
  Karpatenglockenblume, C. carpatica
  Knäuelglockenblume, C. glomerata
  Pfirsichblättrige, C. persicifolia
Goldfelberich, Lysimachia.
Goldranunkel, Hahnenfuss, Ranunculus acr.
Goldrute, Solidago

Grasnelke, Armeria
Greiskraut, Ligularia
Herbstanemone, Anemone japonica
Indianernessel, Monarda didyma

Iris, Schwertlilie, Iris germanica, Iris sibir.
Japananemone, Herbstanemone,
  Anemona hupehensis japonica
Jakobsleiter, Polemonium
Königskerze, Verbascum
Kornblume, Flockenblume, Centaurea mont.
Kugeldistel, Echinops
Lein, Linum narbonense, L. perenne
  Goldflachs, L. flavum

Lichtnelke, Lychnis
  Brennende Liebe, L. chalcedonica
Lobelie, Lobelia

Mohn, Türkischer Riesenmohn, Papaver orientale
Nachtkerze, Oenothera
Nelkenwurz, Geum
Pfingstrose, Paeonia lactiflora, P. officinalis
Phlox, Phlox paniculata
Prachtscharte, Liatris spicata
Präriemalve, Sidalcea
Primel, Primula
Purpurglöckchen, Heuchera
Rittersporn, Delphinium cultorum, D. belladonna
Salbei, Steppensalbei, Salvia nemorosa
Schafgarbe, Achillea filipendulina, A. millefolium
Scheinmohn, Meconopsis betonicifolia
Schleierkraut, Gypsophilia paniculata, G. repens
Schleifenblume, Iberis
Sedum, Fetthenne, Mauerpfeffer, Sedum
Silberkerze, Cimicifuga
Skabiose, Scabiosa caucasica
Sonnenauge, Heliopsis scabra
Sonnenblume, Helianthus
Sonnenbraut, Helenium autumnale
Sonnenhut, Rudbeckia
Roter Sonnenhut. Echinacea
Sonnenröschen, Helianthemum
Steinbrech, Saxifraga
Steppenkerze, Eremurus
Storschnabel, Geranium
Taglilie, Hemerocallis
Tränendes Herz, Dicentra
Tradeskantie, Dreimasterblume, Tradesc.
Trollblume, Trollius
Veronika, Ehrenpreis, Veronica
Wiesenraute, Thalictrum
Yucca, Palmlilie, Yucca filamentosa

Phlox liebt einen feuchten, nahrhaften Boden und gedeiht in Sonne bis leichten Schatten. Gedüngt wird im Frühjahr am besten mit Kompost. Bei Trockenheit ist zu gießen, doch mehr Pflege braucht Phlox nicht. Wer geschickt früh- mit spätblühenden Sorten kombiniert, kann sich von Mai bis Oktober am Farbenspiel der Flammenblume erfreuen.

Die Taglilien beginnen im Mai zu blühen. Durch intensive Züchtungen gibt es heute mehrere Tausend verschiedene farbenprächtige Taglilien zur Auswahl.

Winterschutz

Für den Winterschutz bei Stauden eignet sich Fichtenreisig besonders, da es im Spätwinter die Nadeln verliert. Dadurch können sich die Stauden beim Austreiben allmählich an das Licht gewöhnen.

Schwertlilien werden im Hochsommer gepflanzt oder geteilt. Wenn ältere Pflanzen in Wuchs und Blüte nachlassen, bei hohen Iris schon nach ca. 5 Jahren, ist es zweckmäßig, die Stauden mit ihren Rhizomen (Wurzeln) auszugraben. Für die Weiterkultur sind nur die nach außen gerichteten jungen Sprosse zusammen mit einem vorjährigen Stück Rhizom tauglich. An seiner ersten Einschnürung wird mit einem scharfen Messer abgetrennt. Die Pflanzstelle ist sorgfältig vorzubereiten. Das Rhizom darf nur knapp einen Zentimeter unter die Erde kommen.

Gräser

Gras ist die nützlichste Pflanze der Welt. Brot, Bier, Milch, Käse und Popcorn sind aus Gras. Wer in Asien war, weiß, dass man aus Bambus fast alles machen kann.

Niedere Gräser

Bärenfellgras, der Blau-Schwingel, die Seggen- und Marbelarten (Luzula). Der besondere Reiz dieser Gruppe liegt in der sehr auffälligen Färbung der Halme, die von einem Stahlblau (Blauschwingel) über dunkelgrüne Färbung der Halme (Bärenfellgras) bis hin zu einem herbstlichen braun-roten Erscheinungsbild (rote Segge) variieren.

Mittelhohe Gräser

Pfeifen-, Reiherfeder-, Silberähren-, Federborstengräser und Vertreter der Hirsearten.

Hohe Gräser

Pampasgras, Chinaschilf, Miscanthus

Ziergräser haben im April ihre ideale Verpflanzzeit. Alle paar Jahre werden diese herausgenommen, geteilt, von Unkraut befreit und neu eingepflanzt.

Gehölze

Im Herbst ist die beste Pflanzzeit für die meisten Gehölze. Wenn Sie dabei die wichtigsten Grundsätze beachten, kann bei richtiger Sortenwahl und guter Qualität aus heimischen Gärtnereien eigentlich nichts mehr schief gehen.

Die Pflanzen sollten nur so tief in den Boden kommen, wie sie in der Baumschule gestanden sind. Zurückgeschnitten werden nur beschädigte oder abgebrochene Wurzeln. Stärkere Wurzeln werden nur angeschnitten, da dadurch eine bessere Wurzelbildung erfolgt.

Azaleen
Bartblume, Caryopteris
Berglorbeer, Kalmia
Buchsbaum, Buxus
Cotoneaster, Felsenmispel, Cotoneaster
Deutzie, Maiblumenstrauch, Deutzia
Essigbaum, Sumach, Rhus
Erica, Schneeheide
Federbuschstrauch, Fothergilla
Feuerdorn, Pyracantha
Fingerkraut, Potentilla
Flieder, Syringa
Forsythie, Forsythia

Nach dem Verblühen sind Frühjahrsblüher wie Forsythien, Mandelröschen und Hängepalmkätzchen stark zurückzuschneiden. Sie bilden die Blüten fast ausschließlich am einjährigen Holz. Bei den Hängepalmkätzchen werden die Triebe bis zu jenen Verzweigungen, die dann senkrecht herunter hängen, abgeschnitten. An den Trieben, die sich in diesem Sommer entwickeln, bilden sich die Blütenknospen für das nächste Jahr.

Gewürzstrauch, Calycanthus
Ginster, Cytisus
Goldregen, Laburnum
Hartriegel, Cornus
Hibiscus, Straucheibisch, Hibiscus syriacus
Hortensie, Hydrangea
Jasmin, Jasminum nudiflorum
Kolkwitzie, Kolkwitzia amabilis

Liguster, Ligustrum
Mahonie, Mahonia
Pfeifenstrauch, Falscher Jasmin, Philadelphus
Kirschlorbeer, Prunus laurocerasus
Liebesperlenstrauch, Callicarpa
Maiglöckchenstrauch, Clethra
Magnolie, Magnolia
Perückenstrauch, Cotinus
Pfaffenhütchen, Spindelstrauch, Euonymus

Ranunkelstrauch, Kerria
Rhododendron
Rosmarinweide, Itea
Scheinquitte, Chaenomeles
Schneeball, Viburnum
Seidelbast, Daphne
Skimmie. Skimmia
Sommerflieder, Buddleja

Sommerblühende Blütensträucher sind in der toten Jahreszeit zu schneiden. Bitte jedoch nicht bei Minusgraden. Sommerflieder ist sehr kälteempfindlich und darf nicht zu früh geschnitten werden, damit er nicht noch einmal abfriert.

Spierstrauch, Spirea
Stechpalme, Ilex
Stewartia, Scheinkamelie
Tamariske, Tamarix
Weigelie, Weigelia
Zaubernuss, Hamamelis
Zierapfel, Malus
Zierjohannisbeer, Ribes
Zierkirsche, Zierpflaume, Mandelbaum, Prunus

Rosen

Im Rosenmonat Juni ist die Blütenpracht der Rosen nicht mehr zu übertreffen.

Buchtenförmige Fraßstellen kommen vom Dickmaulrüssler. Die Larven der Rosenblattwespe schaben die Blätter ab.

Verblühtes laufend entfernen

Es wird immer oberhalb des ersten voll ausgebildeten Rosenblattes geschnitten. Bei nasskaltem Wetter kommen leicht Rosenrost oder Sternrußtau. Diese Pilzkrankheiten sind nur vorbeugend zu behandeln.

Duften soll eine Rose und mehrmals blühen. Die Rosengärtner bieten Rosen in allen Wuchshöhen, die mehltauresistent und blühwillig sind.

Knospe einer Moosrose.

Kletterpflanzen

Lassen Sie doch eine Clematis in die Höhe wachsen.

Clematis, Waldrebe, Clematis
Efeu, Hedera helix
Geißblatt, Lonicera
Glycinie, Blauregen, Wisteria
Jasimin, Winterjasmin, Jasminum nudifl.
Kletterhortensie, Hydrangea petiolaris

Bäume

Im Botanischen Garten Frankenburg stehen über 1000 Bäume und Sträucher aus der nördlichen Hemisphäre. Ein Besuch lohnt sich zu jeder Jahreszeit.

Rechts der kleine Mammutbaum, links ein junger Trompetenbaum.

Bäume faszinieren uns, vom Bonsai bis zum Riesenmammutbaum. Ein Baum beim Haus sollte nicht fehlen. Einheimische Arten sind an unser Klima angepasst.

Denken Sie an die beachtliche Höhe, die manche Bäume erreichen. Ebenso an die Wurzeln. Pflanzen Sie einen großen Baum nicht zu nah ans Haus und an die Grundgrenze.

Laubbäume

Ahorn, Acer
Amberbaum, Liquidambar
Birke, Betula
Buche, Fagus
Eiche, Quercus
Esche, Fraxinus
Hainbuche, Carpinus
Judasbaum, Cercis
Lederhülsenbaum, Gleditsia
Linde, Tilia
Pappel, Populus
Ölweide, Eleagnus
Rosskastanie, Aesculus
Robinie, Scheinakazie, Robinia
Trompetenbaum, Catalpa
Tulpenbaum, Liriodendron
Ulme, Ulmus
Weide, Salix

Nadelbäume

Douglasfichte, Pseudotsuga
Eibe, Taxus
Fichte, Picea
Hemlocktanne, Tsuga
Kiefer, Föhre, Pinus
Lärche, Larix
Mammutbaum, Sequoiadendron giganteum
Redwood, Küstensequoia, Sequoia sempervirens, bis 115,5 m hoch.
Scheinzypresse, Chamaecyparis
Tanne, Abies
Thuje, Lebensbaum, Thuja
Urweltmammutbaum, Metasequoia
Wacholder, Juniperus
Zeder, Cedrus
Ginkgo, Fächerbaum, Ginkgo biloba, ist weder Laub- noch Nadelbaum.

Neuheiten am Pflanzenmarkt

Jedes Jahr kommen Neuzüchtungen auf den Markt, die robuster oder schöner sind, wie diese Edelpelargonie, Pelargonium grandiflora Grandiosa.

Jedes Jahr findet man neue Pflanzen in den Gärtnereien, die oft sehr interessant sind. Auch bei den bekannten Stauden und Sträuchern entscheiden wir uns oft für die prächtigen, gefüllten Sorten.

Dass die einfachen, ungefüllten meist pflegeleichter sind und dazu noch zahlreichen Insekten Nahrung bieten, vergessen wir manchmal.

Christa Pucher hat dazu im Kapitel Kräuter einen interessanten Vergleich und bricht eine Lanze für Schmetterlinge und Wildbienen.

Bevorzugen Sie einheimische Pflanzen und hüten Sie sich vor den sogenannten invasiven Neophyten.

Neophyten

Neophyten sind alle Pflanzen, die seit 1492 bei uns eingeführt wurden.

Invasive Neophyten sind solche, die sich stark ausbreiten, heimische Arten aus ihren Lebensräumen verdrängen, eine Gefahr für die Gesundheit darstellen oder wirtschaftlichen Schaden verursachen.

Das **Drüsen-Springkraut**, Impatiens glandulifera, bedeckt bereits weite Landstriche entlang von Bächen, Waldrändern und Autobahnen.

Ragweed, das **Beifuß-Traubenkraut,** Ambrosia artemisifolia, ist als ‚Allergiekraut' bekannt und keineswegs eine Götterspeise, wie der lateinische Name vermuten lässt.

Riesen-Bärenklau, Heracleum mantegazzianum, verursacht bei Berührung arge Verbrennungen.

Flügel- oder **Staudenknöterich**, Fallopia japonica, F. sachalinensis, einmal gepflanzt, wird man ihn kaum mehr los.

Gräser als Akzent zwischen Rasenhügeln.

Rasen oder Blumenwiese

Gartenarbeit ist für viele gleichbedeutend mit Rasenmähen. Kaum ist das Gras ein paar Zentimeter gewachsen, wird gemäht und geschoren, getrimmt und gerecht.

Dünger, Moosentferner und Unkrautvernichter wird in rauen Mengen auf kleiner Fläche ausgebracht, und trotzdem sind nur wenige mit ihrem Rasen zufrieden. Zum Englischen Rasen fehlt uns einfach das Englische Klima.

Auch keine Alternative. Kunstrasen.

Nicht zu tief mähen

In der Sonne sollte nicht tiefer als 3 cm, im Schatten nicht tiefer als 5 cm gemäht werden. Da Moos kalkfeindlich ist, hilft ein Ausbringen von Kalk. Doch bei zu viel Schatten wird es immer wieder kommen. Eine Alternative wären Schattenpflanzen.

1,5 m hoch wäre das Gras, das man alle 2 Wochen mäht. Entsprechend braucht der Rasen Nährstoffe. Eine Bodenuntersuchung bewahrt vor zu viel oder zu wenig Düngung.

Überall Rasen. Vielleicht sollte man doch nicht alles mit Rasen zuwachsen lassen.

Moos im Rasen ist ein Hungerzeichen. Ausreichende Nährstoffversorgung, ein gut belüfteter Boden und nicht zu kurzes Mähen lassen Moos nicht aufkommen.

Vertikutieren belüftet den Rasen

Leihen Sie sich den Vertikutierer bei Ihrem Siedlerverein erst dann aus, wenn alle anderen damit fertig sind. Im Mai oder Juni ist die richtige Zeit zum Belüften des Rasens. Vorher kurz mähen, nur 3 mm tief vertikutieren. Bei verdichteten Böden kann man rassen Sand auf die Fläche ausbringen, bei größeren Kahlstellen Rasensamen nachbauen.

Ausgemäht.

Engerlinge

Larven von Maikäfer, Melolontha melolontha, und Junikäfer, Amphimallon solstitiale, und anderen leben monatelang, oft jahrelang im Boden und fressen die Wurzeln. Bei starkem Befall lässt sich der Rasen wie ein Teppich aufrollen. Da hilft nur eine Neuanlage. Natürliche Feinde sind Hühner, Vögel, Maulwurf und Igel.

Schneeschimmel

Zu langes Gras oder Laub am Rasen, sowie zu spätes Düngen begünstigen den Pilz Microdochium nivale, der den Rasen unter der Schneedecke bei nicht gefrorenem Boden mit braunen runden Flecken übersät.

Heutzutage muss man schon Schilder aufstellen, damit man eine Blumenwiese erkennt.

Blumenwiese

Gleich beim Hintereingang beginnt die Blumenwiese.

Selten sind sie geworden, die Blumenwiesen unserer Kindheit, auf denen sich Heuschrecken und Schmetterlinge tummelten.

Wiesenblumen wachsen auf mageren, durchlässigen Böden, auf die kein mineralischer Stickstoffdünger ausgebracht wird.

Schlüsselblumen und Buschwindröschen, Glockenblumen, Margariten und Lichtnelken lieben Magerwiesen und verschwinden bei Düngung.

Wird ein Garten neu angelegt, lässt sich eine Blumenwiese leichter und billiger anlegen als ein Rasen. Beim Planieren der Fläche wird nur ganz wenig Humus aufgebracht. Eine geeignete Wiesenblumenmischung wird ohne Gräser angebaut. Dann braucht man allerdings Geduld. Jedes Jahr tauchen andere Blumen auf und verschiedene Grasarten wachsen von selbst.

Die Blumenwiese wird nur zwei Mal im Jahr gemäht. Das Gras wird in der Sonne getrocknet, damit die Samen wieder abfallen.

Das Heu kann an Hasen verfüttert, kompostiert und als Mulch unter Gebüschen verwenden werden.

Mähen mit der Sense ist umweltschonend.

Da viele nicht im Umgang mit der Sense geübt sind, empfiehlt es sich, beim Siedlerverein einen Balkenmäher auszuleihen. Lassen Sie alte bäuerliche Traditionen wieder aufleben und laden Sie Freunde und Nachbarn zur Arbeit mit Rechen und Gabel ein. Ab drei Fuhren Heu gab es früher im Innviertel Schmarrn und Kaffee.

Blumen- oder Kräuterrasen

Weniger Pflege, dafür mehr Blumen.

Stärker betretene Flächen werden nur mäßig gedüngt und häufiger gemäht.

Als Liegewiese oder zum Fußball spielen eignet sich ein Blumenrasen. Damit gibt es immer noch Blumen aber mehr strapazfähige Gräser.

Sind die Kinder aus dem „Fußballalter“, wird nicht mehr gedüngt und nur noch zwei Mal im Jahr gemäht. Mit der Zeit wird wieder eine Blumenwiese daraus.

Der Kinder-Garten

Jeder Garten sollte zumindest so kindersicher sein, dass Teiche eingezäunt sind und Wasserfässer gesichert. Holzstöße sollten nicht ins Rollen kommen können.

Rutschige Wege werden auch für Erwachsene zur Gefahr. Natürlich sollte man auch überall im Garten barfuß gehen können.

Barfuß-Weg. Heute muss man den Kindern schon vormachen, wie sich Barfuß gehen anfühlt.

Giftige Pflanzen können für Kleinkinder verlockend sein, vor allem, wenn sie schöne rote Beeren tragen.

Auf Seidelbast, Tollkirsche, Herbstzeitlose usw. sollte am besten ganz verzichtet werden.

Blüten und Blätter essen Kinder seltener, außer man macht es ihnen vor. Dann sollte man die Kinder frühzeitig aufklären, welche Wildkräuter und Blüten essbar sind und vielleicht ein paar Jahre keine Giftpflanzen wie Fingerhut pflanzen.

Giftige Pflanzen tauchen auch von selber auf, wie dieses Bilsenkraut.

Für Kinder erfüllt ein Garten den Zweck, die Natur zu erleben und zu begreifen. Natürlich ist auch viel Platz zum Spielen.

Aber auch Väter spielen im Garten.

Biotope

sind Lebensräume für Pflanzen und Tiere. Indem wir diese in unseren Gärten nachbauen, schaffen wir Rückzugsgebiete für gefährdete Arten, die auf landwirtschaftlich genutzten Flächen kaum noch Lebensraum finden.

Selbst eine Steilwand am Traunstein ist Lebensraum für Pflanzen und Tiere.

Der Gartenteich

Wasser ist Leben. Im Garten nimmt es einen besonders hohen Stellenwert ein. Die Erscheinungsformen sind vielfältig. Das geht von der Vogeltränke über den Miniteich im Regenfass, den Bachlauf bis zum Biotop und Schwimmteich.

Der Miniteich im Regenfass, ein Biotop im Kleinen.

Wasser, Schotter, Kies, Totholz – alles bietet Lebensraum.

Einen Gartenteich anlegen

Folie eignet sich gut zur individuellen Gestaltung des Teiches und passt sich an die Form der ausgehobenen Grube an. Damit lassen sich Tiefen- und Flachwasserzone gut gestalten.

Das Substrat auf dem Teichboden muss nährstoff- und humusfrei sein. Sand und Lehm eignen sich gut. Kies und Schotter ohne Feinanteile kommt auf die Flächen, die bewuchsfrei bleiben sollen. Für einige Pflanzen wird Teicherde verwendet.

Mit der Schaufel dauert es, bis die Grube ausgehoben ist. Ein kleiner Bagger spart da viel Arbeit.

Ganz schön schwer und zäh ist so eine große Folie. Da ist es gut, wenn einige Hände anpacken.

Einbauten wie Brücken und Stege müssen gut vorbereitet werden.

Wasserqualität

Die Unterwasser- und Schwimmblattpflanzen sind besonders wichtig für die Wasserqualität. Algen tauchen zwangsläufig auf, sobald genug Nährstoffe im Wasser sind. Der Teich soll nicht den ganzen Tag in der Sonne sein und so tief und groß wie möglich. Am besten wird er mit Regenwasser befüllt. Fische tragen ebenfalls zum Nährstoffeintrag bei.

Gegen Algen hängt man einen mit Torf gefüllten Jutesack ein bis zwei Monate ins Wasser. Das senkt den pH-Wert.

Teichpflanzen

Pflanzen Sie kein Schilf. Es wächst den ganzen Teich zu und irgendwer muss es einmal entfernen.

Unterwasserpflanzen

Hornkraut, Ceratophyllum
Laichkraut, Potamogeton
Wasserpest, Egeria
Wasserhahnenfuss, Ranunculus aquatilis
Tannenwedel, Hippuris vulgaris
Krebsschere, Stratiotes aloides
Nadelsimse, Eleocharis acicularis
Tausendblatt, Myriophyllum
Wasserschlauch, Utricularia vulgaris
Wasserfeder, Hottonia palustris
Quellmoos, Fontinalis antipyretica
Wasserstern, Callitriche palustris
Pfeilblatt, Vallisneria

Schwimmblattpflanzen

Seerose, Nymphaea
Froschbiss, Hydrocharis morsus-ranae
Teichrose, Nuphar
Seekanne, Nymphoides

Sumpfpflanzen

Fieberklee, Menyanthes trifoliata
Teichsimse, Scirpus lacustris
Sumpf-Schwertlilie, Iris pseudacorus
Rohrkolben, Typha latifolia

Uferrandpflanzen

Blutweiderich, Lythrum salicaria
Gilbweiderich, Lysimachia
Baldrian, Valeriana, usw.

Moorbeet und Heidegarten

Moore sind eine besonders interessante Lebensgemeinschaft, die man sich am besten in der Natur anschaut.

Von gefangenen Fliegen ernährt sich die Venus-Fliegenfalle.

Vielfältige Moorgesellschaft im Botanischen Garten der Universität Salzburg.

Die Moore bei uns und im Ausland schützen wir, indem wir im Garten weitgehend auf Torf verzichten. Die Anlage eines Moorbeets sollte daher gründlich überlegt werden.

Trockensteinmauern und Ruderalflächen

Ruderalflächen sind natürliche oder aufgeschüttete Schutthalden, auf denen sich langsam Pflanzen und Tiere ansiedeln.

Optisch reizvoll wirken Steinmauern, vor allem, wenn der Baustoff aus der Umgebung stammt. In Hanglagen helfen sie, das Gelände zu terrassieren. Die Fugen und Ritzen dienen Tieren und Pflanzen als Lebensraum.

Steinmauern beeinflussen das Kleinklima positiv, da sie die gespeicherte Tageswärme nachts langsamer abgeben als Erde. Sie eignen sich daher nicht nur für Sitzplätze, sondern auch für wärmeliebende Pflanzen. Ein Umstand, den man sich besonders in ungünstigen klimatischen Lagen zunutze machen kann.

Drahtschotterkörbe oder Gabionen eignen sich in vielen Fällen auch sehr gut. Nach einiger Zeit werden auch sie von Flechten, Moosen und Blütenpflanzen besiedelt.

DI Markus Kumpfmüller erklärt den Teilnehmern der ‚Natur im Garten'-Seminare den Wert einer Steinmauer im Botanischen Garten Linz.

Am schönsten ist immer das Material aus der eigenen Region. Auf der Garten Tulln sieht man viele Beispiele.

Gartenwege

Ausreichend breite Wege sind das Um und Auf im Garten. Dort wo man oft geht, auch wenn es nass ist, soll der Weg befestigt sein. Aber auch Kieswege und Trampelpfade haben ihre Reize.

Wer genug Kies hat, kann sich schöne Wege anlegen.

Mit Klinkern und Natusteinen lassen sich Wege individuell gestalten.

Auf die Dränageschicht aus Schotter kommt Kies, in den die Pflastersteine gelegt werden. Dann wird gerüttelt und mit Quarzsand ausgefugt.

Zaun

Früher diente ein Zaun nur dazu, die Haustiere drinnen und die wilden Tiere draußen zu halten. Kaum eine Haustür war verschlossen. Die Leute fühlten sich sicher, jeder kannte jeden und Fremde fielen sofort auf.

Ein Holzzaun als Obstspalier.

Ein Zaun bringt Sicherheit

Nicht die wilden Tiere sondern der Straßenverkehr ist heute meist der Grund für einen Zaun. Wer kleine Kinder hat, will verhindern, dass sie auf die Straße laufen. Das Gemüse im Hausgarten wurde auch früher schon mit einem Zaun vor Hasen und Rehen geschützt. Ein Zaun ums ganze Grundstück gibt vielen Menschen ein Gefühl der Sicherheit. Das kann aber trügerisch sein, hat sich doch gezeigt, dass viele Einbrüche im Schutz dichter Hecken und Zäune unbeobachtet bleiben.

Einmauern oder Abgrenzen?

Langweilige Thujenhecken, undurchsichtige Bretterwände, manche Mitbürger wollen sich hinter ihren dichten Zäunen verstecken, ihre Privatsphäre wahren. Andere lassen den Blick über den Gartenzaun zu, freuen sich, wenn sie mit dem Nachbarn ein paar Worte reden können.

Sparen Sie sich und Ihren Nachbarn Ärger und halten Sie die vorgeschriebenen Abstände ein. Denken Sie auch an den Schnee im Winter und an parkende Autos am Straßenrand. Schließlich soll eine ‚Einfriedung' auch Frieden schaffen.

Zaun ist nicht gleich Zaun

Die Entscheidung liegt zwischen totem oder lebendem Zaun. Bei einem betonierten Zaun errichtet man ein frostsicheres Fundament mindesten 70 cm tief. Darauf wird ein Zaun aus Beton, Stein, Metall oder Holz aufgebaut. Mit dem Fundament schützt man seinen Garten vor Oberflächenwasser und schließt jede Wühlmausplage von vornherein aus.

Ohne Fundament lassen sich Holz- und Drahtzäune errichten. Ein Maschendrahtzaun wirft keinen Schatten.

Ein schönes Beispiel offener ‚Zaunmentalität' findet man in Zipf. Als der alte Bretterzaun morsch wurde, machten sich die Besitzer Gedanken, wie sie eine Abgrenzung zur Straße schaffen können, die offen und einladend wirkt.

Zaun kreativ

Ein richtig schön aufgerichteter Holzstoß mit alten roten Dachziegeln als Regenschutz war der Anfang der kreativen ‚Zaunkönige'. Große Steine, ein Zierapfelbaum und ein liegender Stamm setzen die Einfriedung fort. Besonders schön wirkt der rote Perückenstrauch zwischen knorrigen Wurzeln. Blutbuche und Kirschlorbeer zwischen grünen Steinen, Flecht- und Bretterzäune und ein schmiedeeisernes Tor machen den Zaun zum Erlebnis.

Der lebende Zaun

Ein lebender Zaun ist ökologisch sinnvoll, hält Staub und Lärm ab und bietet vielen Tieren Lebensraum. Er benötigt jedoch viel Platz und gibt auch einen Schatten.

Lebende Zäune müssen geschnitten werden. Diese Methode empfehlen wir nicht.

Thujenhecken müssen jährlich geschnitten werden und vertragen Streusalz schlecht. Leicht werden sie ein Opfer der Thujenminiermotte.

Viel pflegeleichter sind die langsamwachsenden Eiben, die praktisch nicht geschnitten werden müssen, aber können, wenn die Hecke ganz blickdicht sein soll. Wer nur eine niedrige Bepflanzung wünscht, könnte diese mit Buchs gestalten.

Buchsbaumsterben

Geschwächte und geschädigte Buchsbäume werden das Opfer des Pilzes Cylindrocladium buxicola. Orangebraune Blattverfärbungen und kahle Triebe verursacht der Pilz, der bei 25 Grad und feuchtem Wetter sehr aggressiv auftritt.

Wenig befallene Pflanzen stark zurückschneiden, stark befallene roden. Beim Gießen die Blätter nicht benetzen, keine Überdüngung. Kleinblättrige Ilexhecken pflanzen.

Der Buchsbaum ist bedroht.

Laubhecken

Eine Hecke aus einheimischen Gehölzen.

Rotbuchen und Hainbuchen, die nicht das gesamte Laub abwerfen, sind auch im Winter dicht. Sie werden im Frühling kurz vor dem Austrieb geschnitten. Zu dieser Zeit stört man das Brutgeschäft der Vögel nicht. Frühlingsblühende Hecken werden nach der Blüte geschnitten.

Von den heimischen Sträucher eignen sich die langsamwüchsigen, kleinblättrigen Arten wie Weißdorn, Feldahorn, Hainbuche, Heckenkirsche und Dirndlkirsche für Schnitthecken.

Für Hecken geeignete Laubhölzer

Langsam wachsend: Feldahorn, Acer campestre. Geißblattsorten, Lonicera. Hartriegel, Cornus. Pfaffenhütchen, Euonymus europaeus. Schlehdorn, Prunus spinosa. Salbei-Weide, Salix aurita.

Schnell wachsend: Hainbuche, Carpinus betulus. Liguster, Ligustrum Atrovirens. Salweide, Salix caprea. Schwarzer Holunder, Sambucus nigra. Wildapfel, Malus sylvestris.

Blühende Hecken

Am schönsten sind blühende Hecken, wenn die Sträucher frei wachsen können. Alle paar Jahre werden sie dann zurückgeschnitten, ausgelichtet und verjüngt.

Geschnittene Hecken brauchen viel weniger Platz. Der richtige Zeitpunkt für den Schnitt ist gleich nach der Blüte. Im Herbst würde man fast alle Blüten fürs nächste Frühjahr wegschneiden.

Am wenigsten Platz brauchen Kletterpflanzen wie Waldrebe, Geißblatt oder Wilder Wein.

Bereits im ersten Jahr eine Augenweide. Hortensien Endless Summer, inzwischen zaunhoch.

Wohin mit dem Werkzeug?

Eine Gerätehütte oder ein Unterstellplatz fürs Werkzeug, den Gartenschlauch und die wichtigsten Utensilien sollte gleich in der Nähe des Gartens sein.

2. Der Boden - Grundlage allen Lebens

Der Boden ist nur begrenzt verfügbar, unersetzbar und leicht verletzbar.

Beeteinteilung auf gutem Gartenboden.

Woraus besteht der Boden?

Aus unbelebtem Gestein hat sich aufgrund ständigen Wechsels von Kälte und Wärme, Wasser, Licht und Luft der Boden gebildet.

Die Verwitterung von größerem Gestein zu kleineren Teilchen wie Sand, Schluff und Ton hat das Ausgangsgestein so weit verändert, dass der daraus entstandene Boden tierischen Organismen und Pflanzen als Lebensgrundlage dienen kann.

Ganz wenig Humus reicht aus, Pflanzen Lebensraum zu bieten.

Etwa 5 Prozent der organischen Substanz sind Bodenorganismen. Umgerechnet auf einen Quadratmeter Bodenfläche bis 20 cm Tiefe macht das 650 g aus, das entspricht 6,5 t auf einem Hektar.

Die Masse der Lebewesen unter der Oberfläche ist größer als die der darüber.

Bodenarten

Tonboden

Tonböden kleben bei Trockenheit sehr hart zusammen. Ist die Spannung zu groß, zeigen sich feinere oder gröbere Risse.

Gebrannter Ton stand am Anfang unserer Zivilisation und ist immer noch unersetzbar.

Tonböden sind die schwersten Böden mit einer Korngröße von unter 0,002 mm. Diese Böden enthalten Feinerde und halten daher Wasser und Nährstoffe gut. Sie sind luftarm, kalt und enthalten nur wenige Bodenlebewesen.

Tonboden lässt sich in der Hand zusammendrücken und hält die Form.

Lehmboden

Lehmböden enthalten einen Anteil von 20 bis 50 % Feinerde und zählen damit zu den mittelschweren Böden. Sie sind gut zu bearbeiten, halten Feuchtigkeit und Wärme und haben reges Bodenleben. Physikalisch gesehen besteht die Struktur dieser guten, fruchtbaren Erde aus Plättchen, die mehr oder weniger dicht aufeinander gelagert sind. Daher ist dieser Boden wesentlich dichter als ein Sandboden. Die Bedingungen für Bodenlebewesen sind im Lehmboden sehr günstig. Es gibt auch hier Abstufungen zwischen humosen und schweren Lehmböden. Humusreicher Lehmboden zerbröckelt zwischen den Fingern zu weichen Krümeln. Diese haften zusammen ohne zu kleben.

Lehmhütte.

Sandboden

Sandböden enthalten feinere und gröbere Körnung von 2 bis 0,02 mm. Sie haben wenig Feinerde und sind durchlässig für Wasser und Nährstoffe. Sie sind nicht in der Lage Nährstoffe länger zu halten. Solche Böden erwärmen sich schnell, kühlen jedoch genau so schnell wieder ab. Daher liefern Sandböden schlechte Erträge. Sandböden haben physikalisch gesehen eine Kugelstruktur. Aus diesem Grund können sie nicht dicht aufeinander liegen. Sie rollen auseinander und es bilden sich milliardenfache Zwischenräume, durch die wie bei einem Sieb Wasser durchrinnt. Der Porenraum ist in diesem Bodentyp groß.

Humusboden

Humusböden sind die idealen Böden für Gemüsegärten weil sie locker und wasserspeichernd sind und einen hohen Anteil an organischer Substanz besitzen. Es ist das Ziel eines jeden Gärtners, diesem Boden nahe zu kommen, denn dann gelingt alles, wenn die anderen Bedingungen auch nur annähernd erfüllt werden. Solcher Boden besteht nicht nur aus totem Material, sondern enthält sehr viele Organismen, die für den Auf- und Umbau in pflanzenverfügbare Nährstoffe sorgen. Diese tragen wesentlich zur Humusbildung bei.

Wer so schönen Humus zur Verfügung hat, braucht sich ums Wachstum nicht zu sorgen.
Zwei Seewalchener, Karl Ploberger und Georg Brandner vor den Erdhaufen bei der LG Vöcklabruck.

Bodenverbesserung

Schwere Böden können mit Kompost oder rassem Sand verbessert werden, sandige Böden mit Kompost oder Torf.

Leichter Boden kann Wasser und Nährstoffe durch Beigabe von Kompost besser halten.

Milliarden Bodenlebewesen

In einer Handvoll bester Gartenerde befinden sich einige Milliarden Lebewesen. Sie ermöglichen die Humusbildung und die Freisetzung von Stickstoff. Sie sorgen für die Fruchtbarkeit des Bodens.

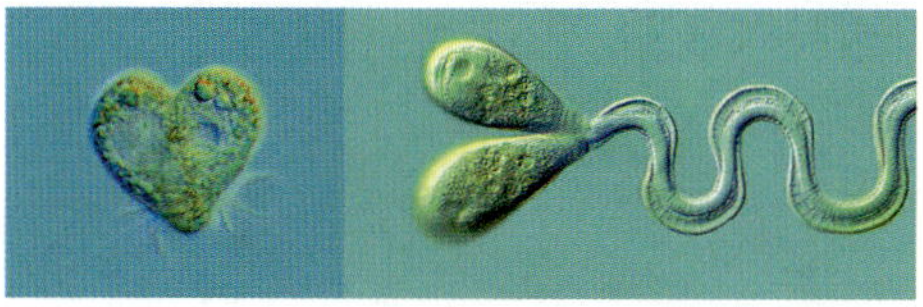

Mit Herz oder zwei Köpfen arbeiten die Einzeller.

Die Mikroorganismen werden in drei Kategorien eingeteilt. Die von der Oberschicht brauchen relativ viel Sauerstoff, jene von der Mittelschicht nicht zu viel, doch auch nicht zu wenig. Die von der Unterschicht vertragen wenig Sauerstoff und wenn der Boden gewendet wird, kommen die Oberen nach unten und ersticken. Die Unteren kommen nach oben und sterben ab. Es hat denselben Effekt wie wenn ein Fisch aus dem Wasser kommt. Und bis sich dieser Mikroorganismus regeneriert hat, ist ganz langsames Wachstum.

Zu den pflanzlichen Mikroorganismen zählen Bakterien, Pilze und Algen. Zu den tierischen Bodenbewohnern zählen Einzeller, Niedere Würmer, Weichtiere, Ringelwürmer, Gliederfüßler und kleine Wirbeltiere.

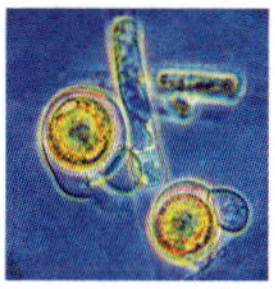

Wunderschön sehen Pilze in der Vergrößerung aus.

Regenwürmer, die unterirdische Kuhherde

Ist genügend organische Masse vorhanden, leben bis zu 2.000 kg Regenwürmer auf einer Fläche von einem Hektar. Mit ihrem Kot verstopfen sie Röhrenabschnitte, so dass eindringendes Wasser nicht auf dem schnellsten Wege abfließt, sondern gestaut wird und über das wasserleitende Porensystem des Bodens versickert. Dadurch bleibt mehr Feuchtigkeit im Wurzelbereich.

Über 30 Arten von Regenwürmern leben bei uns. Sie werden 3 bis 8 Jahre alt. Bis zu 30 cm lang wird der Tauwurm, Lumbricus terrestris. Der Kompostwurm, Eisenia foetida, wird bis zu 13 cm lang.

Störend auf das Bodenleben wirken sich leicht lösliche Mineraldünger und besonders chemische Pflanzenschutzmittel aus.

Bodenfruchtbarkeit

Die gesamte Vegetation ist mit ihren Wurzeln im Erdreich verankert und bezieht Wasser mit den nötigen Nährstoffen daraus. Für eine intakte Vegetation ist ein intakter Boden die Voraussetzung.

Fruchtbare Mischkultur.

Als Bodenfruchtbarkeit wird die Fähigkeit eines Bodens bezeichnet, langfristig hohe und zufriedenstellende Erträge hervorzubringen.

Das bedarf jedoch eines optimalen Verhältnisses zwischen den festen Bodenteilchen, Luft und Wasser im Verhältnis 50:25:25 und eines Gleichgewichts zwischen den Auf- und Abbauvorgängen.

Bodenlebewesen sorgen für die Umsetzung der organischen Bestandteile in pflanzenverträgliche Form.

Organische Substanzen

Das sind Haustiermist, Pflanzenabfälle, Rasenschnitt, Laub und Küchenabfälle, die durch richtige Aufbereitung wertvollen Kompost ergeben.

Daraus entsteht die Grundlage für neues Leben.

Der Boden atmet

Nicht nur die Pflanzen, sondern auch die Bodenlebewesen brauchen Wasser zum Leben. Pflanzenwurzeln und Organismen brauchen im Boden auch Luft zum Atmen. Große Poren sind luftgefüllt und atmen bei günstigen Verhältnissen das sich bildende Kohlendioxid aus. Verdichtete und wassergefüllte Böden können nicht atmen.

Der Wasserhaushalt des Bodens

Der Wasserhaushalt wird bestimmt durch die Niederschlagsmenge. Bei starkem Regen fließt ein Teil oberirdisch ab, ein Teil verdunstet, ein Teil ergibt die Bodenfeuchtigkeit und der Rest geht in das Grundwasser.

Wenn wir gießen, dann durchdringend. Solche Mengen Wasser dürfen allerdings nicht auf einmal gegeben werden, sondern den ganzen Boden drei Mal durchgießen. Reicht die Feuchtigkeit nicht bis zu den tiefer liegenden Wurzeln, wird noch weiter bewässert.

Die richtige Wassermenge und der richtige Gießabstand hängen einerseits von den natürlichen Niederschlägen, andererseits von der Sonne und vor allem von den abtrocknenden Winden ab. Den Boden nur so lange zu gießen bis die Oberfläche eine dunkle Farbe zeigt, ist die schlechteste Gießmethode. Das Wasser reicht nicht bis zu den Wurzeln und verdunstet schnell wieder.

Nach dem Gießkannenprinzip zu gießen ist auch im Garten nicht zielführend.

Dünger - Nahrung für den Boden

Was die Pflanzen an Nährstoffen dem Boden entnehmen, muss auf irgendeine Art wieder zugeführt werden. Dabei ist es der Pflanze egal, ob diese aus leicht löslichen Mineraldüngern stammen oder aus organischen Düngern.

Die Nahrung für die Bodenlebewesen sollte nur aus Biokost bestehen. Das ist Kompost, erzeugt aus pflanzlichen Abfällen und Mist von Biobauern, sowie organische Dünger.

Verhältnis der Nährstoffe

Für die Fruchtbarkeit eines Bodens ist nicht nur die Menge der einzelnen Nährstoffe maßgebend, sondern besonders das Verhältnis der Nährstoffe zueinander.

Gesetz des Minimums

Derjenige Pflanzennährstoff, der im Verhältnis zum Bedarf in der geringsten Menge zur Verfügung steht, entscheidet über den Ertrag.

Das Gesetz des Minimums wurde 1828 von Carl Sprengel veröffentlicht und von Justus von Liebig bekannt gemacht.

Wenn also ein Boden zu wenig Phosphor enthält, kann man diesen Mangel nicht durch mehr Stickstoff oder Kalium ausgleichen. Nur das richtige Nährstoffverhältnis sorgt für die Bodenfruchtbarkeit.

Bodenuntersuchung

Eine Bodenuntersuchung gibt Auskunft darüber, wie hoch der Gehalt an verfügbaren Nährstoffen in einem Gartenboden ist.

Eine Bodenuntersuchung wird in der toten Jahreszeit durchgeführt. Aus dem verfügbaren Nährstoffgehalt wird der notwendige Bedarf an Dünger für die jeweilige Fläche (Gemüsegarten, Obst- und Ziergarten oder Rasen) errechnet. Um die Düngung auf den tatsächlichen Bedarf der Pflanzen auszurichten, sollte man alle drei spätestens alle vier Jahre Bodenproben entnehmen.

Mit diesem Gerät werden 10 – 15 Proben entnommen, gemischt und in Sackerl verpackt zur Analyse geschickt.

Die Siedlervereine führen regelmäßig Bodenuntersuchungen durch. Erkundigen Sie sich bei Ihrem Verein.

Nährstoffe für Bodenorganismen und Pflanzen

Hauptnährstoffe

sind Stickstoff (N), Phosphor (P) und Kalium (K). Dazu kommen Kalzium (Ca), Magnesium (Mg), und Schwefel (S), außerdem Spurenelemente wie Bor (B), Molybdän (Mo), Eisen (Fe), Mangan (Mn), Zink (Zn), Kupfer (Cu) und Silizium (Si).

PH-Wert

Der Säuregrad des Bodens beeinflusst Pflanzenwachstum und Umsetzungsprozesse. Böden mit pH-Werten um 7,0 sind neutral, darunter sauer, darüber basisch.

Die Pflanzen nehmen Mineralstoffe als gelöste Salze auf.

Stickstoff sorgt für üppiges Wachstum. Zu viel führt zu Geilwuchs und Krankheitsanfälligkeit. Zu wenig führt zu hellgrünen oder gelben Blättern, frühzeitiger Reife und Kleinwuchs.

Gundelrebe zeigt an, dass der Boden stickstoffreich ist. Kein Wunder vor dem Komposthaufen.

Phosphor fördert Wurzelwachstum, Blühwilligkeit und gute Fruchtausbildung. Ein Mangel zeigt sich an kleineren, mattgrünen bis violettbraunen Blättern.

Gänseblümchen im Rasen zeigen viel Phosphor aber wenig Stickstoff an.

Kali erhöht die Widerstandsfähigkeit, die Stärke- und Zuckerbildung. Ein Mangel zeigt sich an Blättern, die vom Rand her dürr werden.

Kalk sorgt für gute Wurzelbildung und gesundes Bodenleben. Bei Mangel krümmen sich die jungen Blätter hakenförmig, die Blätter trocknen von der Spitze her ein.

Magnesium sorgt für gesundes Blattgrün. Ein Mangel bewirkt das Abfallen der Blätter von unten nach oben und gescheckte Blätter mit abgestorbenen Zonen.

Bor ist unentbehrlich für die Befruchtung. Zu wenig Bor verkrümmt die Blätter, sie werden braun und schwarz. Äpfel zeigen Korkbildung ums Kerngehäuse, Birnen Gruppen von Steinzellen im Fruchtfleisch.

Mangan fördert Blattgrün und Assimilation. Ein Mangel hemmt die Triebbildung und hellt die Blätter auf.

Eisen ist wichtig für Assimilation, Atmung und Eiweißaufbau. Bei zu wenig werden die Blattflächen gelb, die Blattadern bleiben grün.

Wie viel BIO darf es sein?

Gartenfreunde möchten heute auf den Einsatz von Kunstdünger und chemischen Pflanzenschutzmitteln soweit wie möglich verzichten, denn das Gemüse und Obst aus dem eigenen Garten möchte man unbeschwert genießen.

Eigene Äpfel, ungespritzt.

Mit Kompost und Pflanzenjauche können den Pflanzen die Nährstoffe zugeführt werden, die sie brauchen. Aber auch mit Kompost kann überdüngt werden und manche Präparate im Biolandbau sind umstritten.

Ein Kunstdünger, der Kalkstickstoff, wird hier trotzdem erwähnt, weil er bei fachgerechter Anwendung eine sehr positive Wirkung auf die Bodengesundheit haben kann.

Wer eine reiche Ernte erzielen möchte ohne die Umwelt zu belasten, der hält sich beim Düngen an die Devise: **So viel wie nötig, so wenig wie möglich!**

Mineralischer Dünger

kann leicht zu einer Überdüngung führen. Pflanzen nehmen Nährstoffe nur bei Bedarf auf. Leicht lösliche, synthetische Mineraldünger haben den Nachteil, dass sie von den Pflanzen direkt aufgenommen werden.

Mineralische Dünger: Volldünger, Kalkstickstoff, Patentkali, Thomasmehl, Harnstoff, Steinmehl.

Mineralischer Dünger. Das N:P:K-Verhältnis gibt an, ob der Dünger Stickstoff-, Phosphor- oder Kalibetont ist.

Kalkstickstoff

Gab es im Vorjahr Probleme mit Pilzkrankheiten wie Kohlhernie oder durch Schädlinge wie Kohlgallenrüssler, sollte Kalkstickstoff etwa zwei Wochen vor dem Säen oder pflanzen ausgebracht und mit dem Rechen seicht eingearbeitet werden. Der Boden sollte danach leicht feucht gehalten werden, um die laufenden Umwandlungsprozesse zu fördern. So kann der Kalkstickstoff bis zum Aussaat- oder Pflanztermin im Boden seine nützlichen Wirkungen gegen keimende Unkräuter, Schnecken und schädliche Pilze entfalten und wird rechtzeitig zu pflanzenverträglichen Nährstoffen umgewandelt.

Kalkstickstoff ist im Garten vielseitig verwendbar. Durch gezielte Düngung erreicht man weniger Krankheiten und weniger Unkräuter. Für die meisten Kulturen reicht bei Kalkstickstoff eine Gabe von 20 - 50g pro Quadratmeter.

Organisch-Mineralische Volldünger: Holzasche, Kalisalze, Humusdünger.

Organische Dünger

Organische Dünger: Kompost, Stallmist, Gründüngungspflanzen, Blutmehl, Hornmehl, Brennnesseljauche, Knochenmehl, Humusdünger.

Es handelt sich dabei um Präparate aus pflanzlichen Bestandteilen, um Kräuterextrakte sowie Dünger aus tierischer Herkunft wie Hornspäne, Hornmehl oder getrockneten Rinder- und Hühnermist. Beim getrockneten Hühnermist ist der Phosphoranteil reduziert.

Tierische Dünger haben ganz unterschiedliche Zusammensetzungen.

Mist darf keinesfalls direkt ausgestreut werden. Er muss kompostiert oder als Jauche angesetzt werden.

Tierische Dünger

Rindermist eignet sich gut für starkzehrende Gemüse. Getrockneter Rindermist ist reich an Kali. Besonders gut für Rosen, Möhren, Sellerie.

Pferdemist ist ähnlich wie Rindermist und gut zum Aufheizen des Frühbeets.

Schweinemist ist ein kalter Mist, der kaum Kalk, dafür aber Kali enthält, eignet sich für Himbeeren, Sellerie und Lauch.

Schaf-, Ziegen- und Kaninchenmist sind stickstoffreich und sollten vermischt werden. Das Phosphor-Kali-Verhältnis sollte 1:1,5 sein. Bei diesem Mist ist es fast umgekehrt.

Hühner- Enten- und Taubenmist sind sehr scharf und hitzig. Geflügelmist enthält besonders viel Phosphor und Stickstoff und eignet sich für starkzehrendes Gemüse. Der hohe Phosphoranteil, bei Guano 12 %, fördert die Blütenbildung.

Hornspäne. Je gröber die Späne, desto langsamer werden Stickstoff und Phosphor gelöst. **Blutmehl** hat einen hohen Stickstoffgehalt, Kali und Phosphor. **Knochenmehl** hat einen hohen Phosphorgehalt.

Bitte nicht überdüngen

Wenn Dünger, ob mineralisch oder organisch, in zu großen Mengen oder zum falschen Zeitpunkt ausgebracht wird, kommt es zu einer Schwächung der Pflanzen durch zu starken Wuchs und zu einer Nitratbelastung im Gemüse und im Grundwasser.

Pflanzliche Dünger

Gründüngung, Stickstoffsammelnde Pflanzen, Algendünger, Holzasche, Pflanzenjauche, Kompost.

Pflanzenjauchen

Pflanzenstärkungsmittel werden als Pflanzenbrühen oder Pflanzenjauchen hergestellt. Diese ergeben gesunde Pflanzen, die auch widerstandsfähig gegen Schädlinge und Krankheiten sind.

Jauchen und Brühen können auch aus selbst gesammelten Kräutern hergestellt werden. Besonders Brennnesseln, aber auch Schachtelhalm und Rainfarn eignen sich gut zu Pflanzenbrühen und Pflanzenjauchen. Im Gartenfachhandel gibt es jedoch auch Kräuterextrakte, die mit Wasser angesetzt, wertvolle Stärkungsmittel ergeben.

Brennnesseljauche

Man nimmt ca. 1 kg frische Brennnesseln und setzt diese in 10 l Wasser an. Nach einer Woche wird dieser gute, stickstoffreiche Dünger 1:10, später 1:20 verdünnt.

Kräuter für Pflanzenjauchen

Brennnesseln sind wachstums- und verrottungsfördernd. Ein Wurzelbad hilft gegen Krautfäule.

Ackerschachtelhalm gegen Mehltau, Monilia, Rost, Schorf, Kräuselkrankheit und Blattfleckenkrankheit bei Tomaten.

Farnkraut als Kompostbeigabe und gegen Kalimangel.

Beinwell, Comfrey ist sehr eiweißhaltig und für Tomaten gut geeignet.

Rauer Beinwell, Symphytum asperum. Einheimischer Beinwell, S. officinale.

Zum Schutz ein Gitter auf das Fass legen oder ein Netz darüberspannen.

Die Jauche wird täglich belüftet, d. h. umgerührt.

Wenn man die Pflanzen in einen Jutesack steckt oder in eine alte Gardine einbindet, verstopfen die Düsen der Gießkanne nicht.

Die vergorenen Kräuter kommen auf den Kompost.

Gegen Geruchsbelästigung kann man Steinmehl, Baldrian, Kamille, Eichenblätter oder Kräuterextrakte beigeben.

Kompost - Das Gold des Gärtners

Kompostwürmer wandeln die Rohstoffe um.

Was die Natur selber macht, machen wir in unseren Gärten ganz bewusst. Wir führen organische Stoffe in den Kreislauf der Natur zurück. Verrottbare Abfälle werden zu Wertstoffen. Der Kompost wird zu einem unersetzlichen düngenden Bodenverbesserungsmittel.

Kompost – das Immunsystem des Bodens

Kompost verbessert die Beschaffenheit und Struktur aller Böden.

Kompost gibt dem Boden sein Filter- und Festhaltevermögen zurück.

Kompost hält die Nährstoffe in der belebten oberen Bodenschicht verfügbar.

Kompost ermöglicht eine bessere Wasserspeicherung.

Kompost unterstützt und vermehrt das natürliche Leben im Boden.

Kompost stabilisiert den pH-Wert des Bodens bei neutral bis leicht sauer.

Der Kompostplatz im Garten

In vielen Gärten führt der Kompost ein Schattendasein in einem Eck, das man nicht gleich sieht. Dort wird alles wahllos auf einen Haufen geworfen was so anfällt. Unmengen verfaulenden Rasenschnitts machen den Kompostplatz zum stinkenden Misthaufen.

Wenn man den Kompostbehälter vorne öffnen kann, tut man sich mit Schaufel und Gabel viel leichter.

Wurzelunkraut durchwuchert den Haufen. Kranke Pflanzenteile sorgen für das Wachstum von Pilzen und die Verbreitung von Mehltau, Sternrußtau und anderen Pflanzenkrankheiten.

Essensreste ziehen Ratten an. Schnüre und Schilder aus Plastik durchziehen die faulende Masse.

Kompost legt Giftstoffe, z. B. Schwermetalle im Boden fest, so dass sie nicht von den Pflanzen aufgenommen werden.

Kompost gibt dem Boden Stickstoff, Kalium und Phosphor zurück, sowie Spurenelemente.

Kompost ermöglicht ein gesundes Pflanzenwachstum und macht den Einsatz von Pflanzenschutzmitteln weitgehend überflüssig.

Kompost ist für den ausgeprägten Geschmack der Früchte verantwortlich und sorgt für bessere Lagerfähigkeit.

Irgendwann entsteht der Entschluss, aufzuräumen und den Misthaufen zusammen mit den Unmengen an Strauchschnitt in die nächste Rotte zu bringen. Von dort kann auf dem Rückweg gleich gute Komposterde für den Garten mitgebracht werden.

Natürlich werden im Frühling einige Säcke Gartenerde benötigt, die Torf enthält und dadurch zur Zerstörung der Moore beiträgt. Dann wird teurer Dünger gekauft, da der eigene Rohstoff zur Kompostieranlage gebracht wurde.

Dabei ist es gar nicht schwierig, selbst gute Komposterde herzustellen. Das meiste macht die Natur, wir müssen ihr nur etwas behilflich sein.

Wenn man ein paar Regeln befolgt und den Kompostplatz praktisch einrichtet, ist der Zeitaufwand sicher nicht höher als für das Wegbringen des Pflanzenmaterials und Einkaufen der Gartenerde.

Wo kommt der Kompost hin

Hinter den Garagen ist der Komposter nicht zu sehen und stört auch den Nachbarn nicht, wenn er direkt am Zaun steht.

Der Standort sollte nicht zu weit vom Haus entfernt und trockenen Fußes erreichbar sein. Aus optischen Gründen kann der Kompostplatz mit einem Zaun, einer Hecke oder einem Spalier vom Garten abgegrenzt werden.

Das sieht oft sehr hübsch aus und sorgt für den nötigen Schatten. Ein Sammelbehälter sorgt für Ordnung und wenn er ab und zu mit Erde oder Grasschnitt zudeckt wird, sieht es auch ordentlich aus.

Eine windgeschützte, halbschattige Lage ist ideal. Ist kein Baumschatten vorhanden, hilft man sich durch Anbau von Stangenbohnen, Mais, Sonnenblumen oder Topinambur.

Hier ist Platz für weitere Kompostbehälter und für einen Sichtschutz am Zaun.

Fast immer ist der Kompostplatz zu klein. 3 – 4 m^2 pro 100 m^2 Nutzfläche sollen schon vorhanden sein, um genügend Platz zum Sammeln, zum Verrotten und zum Lagern des fertigen Komposts zu haben.

Ein Regenfass in der Nähe ist wichtig, da bei längerer Trockenheit auch der Kompost gegossen gehört. Gleich ein Fass für Pflanzenjauche vorsehen und für genügend Platz zum Umsetzen und Befüllen der Scheibtruhe sorgen.

Komposter und Kompostmieten müssen auf gewachsenen Boden errichtet werden, da die Mikroorganismen auf- und abwandern, wenn die Bedingungen für sie zu nass oder zu trocken sind. Als erstes sollte etwas Rohkompost aufgebracht werden, weil dadurch die Mikroorganismen stark angeregt werden. Dieser Vorgang heißt Impfen.

Das Aufsetzen des Kompostes

Ist genug Material vorhanden, wird der Kompost aufgeschichtet. Entweder als Miete oder in einem Kompostbehälter.

Es sollten grobes und feines, feuchtes und trockenes Material gut gemischt werden. Zweige und grobe Stängel werden zerkleinert oder gehäckselt. Die neue Schicht sollte mindestens 20 cm hoch sein.

So klein muss der Kompostbehälter ja nicht sein. Die Brennnesseln zeigen stickstoffreichen Boden an. Der Hollerbusch gibt Schatten.

Wenn im Sammelbehälter genug gesammelt wurde, wird gehäckselt und gemischt.

Das Umsetzen des Komposts

Zwei bis drei Mal im Jahr sollte der Kompost umgesetzt werden. Dabei kommt das Unterste nach oben und das Äußere nach innen. Im Herbst fällt natürlich am meisten Material an, daher empfiehlt es sich, das grobe Material vom alten Haufen gleich in den neuen einzumischen.

Praktisch ist so ein Wurfgitter.

Der fertige, durch ein Gitter geworfene Kompost wird für die ersten Kulturen im Frühjahr gelagert. Er muss unbedingt mit einer Plastikfolie zugedeckt werden, sonst wird der Stickstoff ausgewaschen. Der geht ins Grundwasser und unser Kompost wird wertlos.

Kompost im kleinen Garten

In normalen Hausgärten fällt selten genug Material an, um große Kompostmieten aufzuschichten. Meist fehlt auch der Platz und die Lust, stundenlang mit Gabel und Schaufel zu hantieren.

Aber nur große Kompostmieten garantieren die Heißgärungsphase, bei der Temperaturen von 70 Grad entstehen, die Unkrautsamen keimunfähig machen und Krankheitskeime abtöten.

Wer sich die Arbeit nicht antun möchte, lagert die unbedenklichen Stoffe in einem Holzrahmen.

Der Rottevorgang dauert zwar länger, wenn wir uns das Umsetzen sparen, aber nach zwei, drei Jahren können wir dann genauso Kompost entnehmen.

Markus Kumpfmüller überlässt den Komposthaufen drei Jahre sich selbst.

Bei dieser einfachen Art der Kompostierung entsorgen wir Küchenabfälle wie Fleisch, Knochen und Käsereste in einer Biotonne, um nicht Ratten auf den Kompost zu locken.

Was nicht auf den Kompost kommt

Problematisch sind größere Mengen an Laub, Rasen- und Heckenschnitt. Die müssten zwischengelagert werden. Die beste Verwendung finden sie aber als Mulch unter Sträuchern.

Verfaulte Äpfel, kranke Pflanzenteile, samentragendes Unkraut und Wurzelunkraut wie Giersch werden einer Heißrotte zugeführt.

Zweckmäßig sind zwei Kompostsilos aus Holz oder Drahtgeflecht, die vorne zu öffnen sind. In einem sammeln wir die Gartenabfälle, achten darauf, dass wir nicht zu dichte Schichten aufbringen und zerkleinern grobes Material.

Nach einigen Monaten wird im unteren Teil brauchbarer Kompost sein, den wir durch ein Gitter werfen können oder in grobem Zustand verwenden. Die oberste, trockene Schicht an grobem Material und was beim Sieben übrig bleibt, geben wir auf den zweiten Haufen, in dem wir ab jetzt die Abfälle sammeln.

Was kommt auf den Kompost

Küchenabfälle von Gemüse, Tee- und Kaffeesatz, Filtertüten, zerdrückte Eierschalen

Mist von Kleintieren oder Stallmist, am besten vermischt mit Erde und Grünabfällen. Keine Katzenstreu.

Gartenabfälle. Ernterückstände. Staudenstängel, gejätetes Unkraut ohne Samen und Wurzelunkraut, Zweige, Topfpflanzen.

Rasenschnitt nur angewelkt und in dünnen Schichten bis 10 cm.

Laub, zerkleinert (mit dem Rasenmäher) und gemischt mit Rasenschnitt. Kein Nuss- oder Eichenlaub.

Stroh und Heu gehäckselt mit Grünmasse gemischt.

Erde, am besten lehmige, Holzasche, Sägespäne von unbehandeltem Holz nur in kleinen Mengen, Algenkalk, Gesteinsmehl, Hilfsstoffe, Kompoststarter.

Nuss- und Eichenlaub nicht kompostieren, der Gerbsäureanteil ist zu hoch. Thujenschnitt sollte zum Mulchen der Thujen verwendet werden.

Kompost verwenden

Am meisten Kompost brauchen wir im späten Frühjahr für die Gemüsebeete, die Stauden und Blumenbeete. Im Beerengarten, für Sträucher und Stauden kann man gut den groben Kompost verwenden.

Roh-, Frisch- oder Grobkompost unter Beerensträuchern.

Für empfindliche Kulturen verwenden wir fein gesiebten Reifekompost. Wer sich nicht sicher ist, ob der Kompost schon reif ist, macht den Kressetest.

Kressetest

In eine Schale mit Kompost kommen Kressesamen, die schnell keimen. Wächst die Kresse nicht gut, ist der Kompost noch nicht reif.

‚Biologischer' Pflanzenschutz

Seit der Mensch Pflanzen kultiviert, muss er diese gegen Fressfeinde und Krankheiten schützen. Gesundes Bodenleben, Fruchtfolge und Mischkultur beugen vielen Rückschlägen vor. Zäune, Netze und Leimringe schützen unsere Pflanzen. Zerdrücken, Absammeln und Fangen von Plagegeistern hilft ebenso wie die Schonung der Nützlinge.

Der gezielte Einsatz von nützlichen Insekten wie Raubmilben oder Krankheitserregern wie Bacillus thuringiensis können im Gewächshaus sinnvoll sein.

Auch Nematoden werden gezielt gegen Schädlinge eingesetzt.

Wer sich die Gartenarbeit mit solch fleißigen Helfern teilt, dem bleibt mehr Zeit zur Entspannung.

So wenig Gift wie möglich

Pflanzenjauchen und Kräuterspritzmittel sollten im Kleingarten anstelle von chemischem Pflanzenschutz angewendet werden. Auch sie enthalten Gifte und können Nützlinge töten, bauen sich jedoch rasch ab.

Wir wollen uns schließlich nicht selbst vergiften und Umwelt und Grundwasser gefährden. Diese Gefahr besteht bei der Anwendung von Spritzmitteln immer. Deshalb ist das Ausbringen chemischer Pflanzenschutzmittel im Hausgarten in dem meisten Ländern verboten.

In Oberösterreich dürfen das nur Personen mit Sachkundenachweis, den sie nach einem eintägigen Kurs beim Land erworben haben. Dabei werden Selbstschutz, Gefahr für Bienen und Wasser, Wartezeiten und Entsorgung sowie das Verhalten bei Vergiftungen gelehrt.

Zur biologischen Schädlingsabwehr kann man auch Nützlinge wie Marien- und Laufkäfer, Raubmilben und -wanzen, Schlupfwespen und Florfliegen einsetzen.

Kaltwasserauszug, Brühe

Ein Kilo frische oder 150 - 200 g getrocknete Pflanzen werden 12 - 24 Stunden in kaltem Wasser angesetzt und unverdünnt über die Pflanzen gegossen oder gesprüht.

Brennnesselbrühe ist ein ideales Mittel zur Bekämpfung von Läusen, besonders am Salat.
Die Brühe hat vor 18 Stunden und nach 36 Stunden keine genügende Wirkung gegen Schädlinge.

Am besten ist es, diese am Abend anzusetzen und nächsten Abend zu spritzen oder morgens anzusetzen und tags darauf am Morgen zu spritzen.

Knoblauch- oder Zwiebelbrühe gegen Milben, Blattläuse, Pilzerkrankungen.

Als Spritzmittel gegen Bakterien und Insekten. 150 g gehackter Knoblauch, 2 Teelöffel Paraffin 24 Std. einweichen, mit 100 g Schmierseife in 10 l Wasser mischen und filtern.

Tomatenlaubbrühe gegen Kohlweißlinge.

Schmierseifenlösung gegen Blatt- und Schildläuse.

Tee

Kräuter mit kochendem Wasser übergießen, 10 - 20 Minuten ziehen lassen, abseihen und sprühen.

Ackerschachtelhalmtee 5-fach verdünnt gegen Bodenpilzerkrankungen.

Rainfarntee gegen Insekten, Ameisen, Erdraupen, Blattläuse, Milben, Kohlweißling, Apfelwickler.

Farnkrauttee gegen Läuse, Schnecken, bei Kalimangel und als Kompostbeigabe.

Wermuttee gegen Brombeer- und Erdbeermilben, Kohlweißlinge und Apfelwickler.

Tabaksud gegen Blattläuse.

3. Der Gemüsegarten

Alles sprießt und wächst im Gemüsegarten.

Die Bodenbearbeitung im Gemüsegarten

‚Nie mehr umgraben', ist ein Schlagwort, das man oft hört. Wie viele Gartenweisheiten stimmt das nur zum Teil.

Früher hieß es: „Wer im Herbst seinen Acker nicht stürzt, hat seine Ernte um die Hälfte verkürzt". Die Gärten sahen aus wie die Äcker.

Umstechen nur wo es notwendig ist. Aus Gewohnheit wird immer noch alles umgestochen.

Im Frühling tiefgründig lockern

Im Frühjahr wird, sobald der Boden abgetrocknet ist, mit der Gartenkralle oder einer Grabgabel tiefgründig gelockert.

Es darf auf keinen Fall umgestochen werden, weil dadurch die Mikroorganismen zum Großteil getötet werden. Bis sie sich regenerieren, ist das Wachstum sehr gering.

Bodenbearbeitung im Frühjahr

Mit der Grabgabel wird bis zum Stielanfang in den Boden gestochen und mit einer Vorwärts- und Rückwärtsbewegung der Boden gelockert.

Wenn Sie immer noch umstechen wollen, probieren Sie es doch einfach aus. Stechen Sie ein halbes Beet um, die andere Hälfte lockern Sie nur. Pflanzen Sie am gleichen Tag Kohlrabi. Bei mir war der Kohlrabi am umgestochenen Beet drei Wochen später erntereif als daneben.

Es wird nur so viel gelockert, wie in nächster Zeit bestellt wird. Zwischen den Beeten werden 20 bis 30 cm breite Wege angelegt, um gut stehen und gehen zu können.

Dann wird mit dem Grubber oder mit einer Sternradhacke die Erde zerkleinert und das Beet kleinkrümelig gemacht und mit dem Rechen geebnet. Erst dann wird auf das fertige Beet, je nach vorhandener Menge, ca. 5 cm Reifekompost aufgebracht und mit dem Rechen nur ganz seicht eingehackt.

Boden im Sommer lockern

Im Sommer ist der Boden laufend zu lockern und unkrautfrei zu halten. Lockern ist wegen der Kapillarwirkung besonders wichtig.

Regelmäßige Bodenlockerung mit Gartenkralle, Sternfräse oder Dreizahn bewirkt, dass die haarfeinen Kanälchen in der Erde unterbrochen werden.

Umstechen im Herbst

Im Herbst werden nur verdichtete Böden spatentief, grobschollig umgestochen. Durch das gefrierende Wasser werden die gröberen Bodenteilchen gesprengt. Man spricht dann von Frostgare, die zunächst nur eine mechanische Zerkleinerung ist. Diese bildet aber günstige Voraussetzungen für das zeitige Abtrocknen und Erwärmen im Frühjahr.

Die Kapillarwirkung des Bodens

Jeder Boden hat vom Grundwasser bis zur Oberfläche kleinste Röhrchen, die Kapillarröhrchen, in denen Wasser vom Grundwasser an die Oberfläche gelangt und dort verdunstet. Durch das Grubbern werden diese Kapillarröhrchen im Wurzelbereich unterbrochen, wodurch das Wasser nicht verdunstet sondern den Wurzeln der Pflanzen zur Verfügung steht.

Durch die Frostgare wird grobscholliger Boden feinkrümelig.

Frost vernichtet Schnecken

Wird der Boden erst nach einem Frost umgestochen, bedeutet das Schneckenbekämpfung. Schnecken verstecken ihre Eier in Erdritzen und Erdlöchern und verkriechen sich ebenfalls dorthin zur Winterruhe. Schneckeneier sind winterfest, die Schnekken nur bedingt. Durch das Umstechen kommen sowohl die Schnecken als auch ihr Eier nach unten. Die Schnecken sind sofort tot, wenn sie aus ihrer Winterruhe gebracht werden und die Eier können in der Tiefe im Frühjahr nicht schlüpfen.

Lockere Böden werden zum Schutz der Mikroorganismen **nie umgestochen.**

Bodenbedeckung

Eine dünne Schicht Rasenschnitt hält das Bodenleben aktiv.

Der Boden sollte das ganze Jahr bedeckt sein. Im Sommer sollten zwischen den Pflanzen 3 bis maximal 5 Zentimeter Mulchschicht aufgebracht werden. Dazu eignet sich ganz besonders Rasenschnitt, der in den meisten Fällen im Sommer reichlich anfällt.

Auch Häckselgut oder sonstige, verrottbare Materialien, können verwendet werden. Dadurch wird die Erosion oder eine Verschlämmung des Bodens verhindert.

Mulchen

hält den Boden locker, vermindert die Verdunstung und fördert die Bodenbakterien. Durch die Verrottung werden dem Boden wieder Nährstoffe zugeführt.

Rindenmulch gehört auf keinen Fall in den Gemüsegarten.

Rindenmulch und Sägespäne entziehen dem Boden Stickstoff. Stauden und Sträucher brauchen daher zusätzlichen Dünger, wenn man sie mit Rinde mulcht.

Jäten oder nicht Jäten – das ist hier die Frage

Den Boden unkrautfrei zu halten heißt nicht, dass alles entfernt werden muss, was wir nicht selbst gepflanzt haben. Viele ‚Beikräuter' können eine positive Wirkung haben und das Mulchen ersetzen.

Sie halten die Verdunstung des Bodens gering, sorgen für Schattengare und Mulchmaterial, wenn sie nach dem Ausreißen liegen bleiben.

Viele dieser Beikräuter sind Wildkräuter, die wir für Salate, Suppen und Aufstriche mitverwenden können. (Siehe Kräuter).

Entfernt wird jedoch jenes Unkraut, das wuchert und die Kulturpflanzen beengt. Auf keinen Fall sollten Unkräuter blühen und Samen ausbilden.

Winterbegrünung

Sobald im Gemüsegarten Flächen frei sind, die nicht mehr bepflanzt werden, sollte eine Winterbegrünung angebaut werden.

Da ich schon 75 Jahre im Garten arbeite, habe ich alles selber schon ausprobiert. Winterroggen kann sogar bis 15. Oktober gesät werden. Dieser wurzelt sehr tief und lockert den Boden. Der Anbau von Winterroggen wirkt Wunder, doch die Arbeit im Frühjahr ist beträchtlich. Der Winterroggen muss abgemäht werden und die Bodenbearbeitung ist harte Arbeit.

Winterroggen verbraucht ganz andere Stoffe als unsere Gemüse und verarbeitet die Wurzelausscheidungen der Gemüsepflanzen. Dadurch wird auch eine Bodenmüdigkeit verhindert.

Gründüngungspflanzen

Leguminosen: Lupinen, Ackerbohnen, Wicken,
Kleearten
Kreuzblütler: Senf, Ölrettich, Raps
Grasartige: Winterroggen, Hafer, Weidelgras
Andere: Phacelia, Buchweizen, Sonnenblumen, Kultur-Malve

Phacelia, der Bienenfreund.

Eine gute Alternative wäre Phacelia, die Bienenweide. Diese ist zwar nicht winterfest, kann auch nur bis September angebaut werden und verliert durch den Frost die Blätter. Diese bedecken uns den Boden und die Wurzeln halten viel Stickstoff zurück.

Bitte keine Senfgewächse verwenden, da diese zur selben Pflanzenfamilie wie Kohlgewächse und Rettich gehören und damit haben wir ohnehin genug Probleme beim Fruchtwechsel und damit mit Schädlingen.

Richtiges Gießen

Nur zu gießen, bis die Erde dunkel ist, ist verkehrt. Oberflächliche Feuchtigkeit verdunstet rasch und zu den Wurzeln dringt nichts vor.

Im Frühjahr und Herbst sollte in der Früh oder am Vormittag gegossen werden, damit die Blätter nicht im nassen Zustand in die kühlen Nächte kommen, was Pilzkrankheiten wie Mehltau, Salatfäule usw. begünstigt.

Im Sommer gießt man am Abend, weil nicht so viel Wasser verdunstet.

Bei Sonnenschein würden die Wassertropfen wie Brenngläser auf den Blättern wirken.

Zum Gießen sollte nur abgestandenes Wasser aus Wassertonnen verwendet werden. Es erreicht die Lufttemperatur, dadurch bekommen die Pflanzen keinen Kälteschock.

Ein Quadratmeter Boden benötigt 10 l Wasser. Damit wird der Boden 10 cm durchfeuchtet. Diese Menge darf nicht auf einmal gegeben werden, da sonst wie bei einem starken Regen, ein Teil abfließt. Man gießt den Garten normal durch und wiederholt dies am besten zwei Mal.

Wer mit einem Schlauch gießt, sollte nur feinste Düsen verwenden und diese nach oben halten, damit das Wasser, wie bei einem Regen, ganz sanft zum Boden gelangt und diesen nicht verschlämmt.

Gemüseanbau

Der Winter ist die ruhigste Zeit im Garten und doch sollte man diese Zeit nicht ungenützt verstreichen lassen.

Neben dem Studium von Büchern und Pflanzenkatalogen kann man sich über den kommenden Gemüseanbau, über Einteilung und Nutzung des Gartens Gedanken machen. Erfahrene Gartler fertigen einen Anbauplan an.

Anbauplan

Auf ein Blatt Papier werden die Beete des Gemüsegartens grob eingezeichnet. Dann wird in jedes Beet die Hauptfrucht des vorhergehenden Jahres, auch jene vom Jahr davor, eingetragen. Hauptfrucht ist jene, die die längste Zeit auf dem Beet stand. Dieser Plan kann für mehrere Jahre verwendet werden, wenn einmal ein Bleistift, dann ein Rotstift usw. verwendet wird.

Das hat den Vorteil, dass man mehrere Jahre zurück sieht, was früher auf dem Beet angebaut wurde. Dadurch pflanzt man nicht hintereinander das Gleiche. Es wird eine weite Fruchtfolge erreicht.

Fruchtfolge

Unter Fruchtfolge verstehen wir den Wechsel der verschiedenen Gemüsearten auf einem Beet. Pflanzen mit günstigen Wurzelausscheidungen (Bohnen, Erbsen) wechseln mit Pflanzen mit ungünstigen Wurzelausscheidungen (Wurzelgemüse). Ebenso Flach- und Tiefwurzler. Sie entnehmen die Nährstoffe aus verschiedenen Bodenschichten. Zu den Tiefwurzlern gehören die Hülsenfrüchte und die Tomaten. Die meisten anderen Gemüse zählen zu den Flachwurzlern.

Es steht außer Zweifel, dass nach mehrjährigem Anbau gleicher Gemüsearten auf ein und derselben Stelle die Erträge drastisch absinken und Krankheiten und Schädlinge überhand nehmen.

Fruchtfolge im Jahreslauf

Vorkultur: Spinat, Feldsalat, Salat, Radieschen, frühe Kohlarten.
Hauptkultur: Gurken, Tomaten, Paprika, Bohnen, Kürbis, Spätkohlarten, Karotten, Petersilie, Sellerie.
Zwischenkultur bei Sellerie, Sprossenkohl.
Nachkultur: Salat, Radieschen, Rettich, Kohlrabi, Spinat, Feldsalat, Endivien, Chinakohl, Zuckerhut.

Ein typisches Beispiel dafür ist Petersilie, die, wenn sie wieder an der gleichen Stelle oder nach Gemüsearten der gleichen Pflanzenfamilie, wie Sellerie, Karotten, Kerbel, Knollenfenchel oder Dill angebaut wird, nicht mehr wächst und verkümmert.

Leguminosen wie Bohnen und Erbsen können mit ihren Knöllchenbakterien sogar Stickstoff aus der Luft verwerten.

Mischkultur

Zwiebeln und Karotten - die klassische Mischkultur. Gegenseitig wehren sie Zwiebel- und Möhrenfliege ab.

Gemüsearten aus der selben Pflanzenfamilie brauchen die selben Nährstoffe, haben ähnliche Wurzelausscheidungen, Krankheiten und Schädlinge. Sie werden daher mit Pflanzen aus anderen Familien gemischt. Wenn eine Pflanze geerntet wird, sollte eine neue in die Lücke gesetzt werden, die sich gut mit den Nachbarn verträgt.

Knoblauch zwischen Erdbeeren wirkt Pilzkrankheiten entgegen.

Gute Nachbarn auf dem Beet und hinter dem Beet.

Gute Nachbarn (x) und Schlechte Nachbarn (-) *Tabelle von Josef Klinger*

	Zwiebeln	Zucchini	Tomaten	Spinat	Sellerie	Salbei	Rote Rüben	Rettich	Pfefferminze	Petersilie	Lauch	Kopfsalat	Kohlrabi	Kohlgewächse	Knoblauch	Karotten	Kapuzinerkresse	Kamille	Gurken	Fenchel	Erdbeeren	Erbsen	Endivien	Dill	Buschbohnen
Buschbohnen	–		×		×		×	×			–	×	×	×	–				×	–		–			
Dill	×						×					×				×			×			×			
Endivien											×			×						×					
Erbsen			–					×			–	×	×	×	–	×				×				×	–
Erdbeeren	×							×			×	×		×	×										
Fenchel			–		×							×							×			×	×		–
Gurken	×		–		×		×	–				×		×	×					×				×	×
Kamille	×																								
Kapuzinerkresse								×																	
Karotten	×		×					×			×				×							×		×	
Knoblauch			×				×							–		×			×		×	–			–
Kohlgewächse	–		×	×	×			×			×	×			–				×		×	×	×		×
Kohlrabi			×	×	×		×	×			×	×										×			×
Kopfsalat	×		×		–			×	×	–	×		×	×					×	×	×	×		×	×
Lauch			×		×		–					×	×	×		×					×	–	×		–
Petersilie			×					×				–													
Pfefferminze			×									×													
Rettich			×	×						×		×	×	×		×	×		–		×	×			×
Rote Rüben											–		×		×				×					×	×
Salbei																				×					
Sellerie			×								×	–	×	×					×						×
Spinat			×					×					×	×											
Tomaten			×		×			×	×	×	×	×	×	×	×	×			–	–		–			×
Zucchini	×																								
Zwiebeln												×		–		×		×	×		×			×	–

Samenauswahl

Erfahrene Hobbygärtner informieren sich in Samenkatalogen, Fachbüchern und -zeitschriften über gute Sorten und Neuzüchtungen.

Resistente Sorten sind weniger anfällig gegen Krankheiten, oft sogar resistent gegen Pilze und Bakterien. Vielleicht geringe Mehrkosten bringen letztendlich nicht nur höheren Ertrag, sondern vor allem viel weniger Probleme.

Keimfähigkeit

Die vorhandenen Samenrestbestände aus dem Vorjahr sollten auf ihre Keimfähigkeit überprüft werden. Damit bleiben unliebsame Überraschungen bei der Frühjahrsaussaat erspart.

Keimprobe

In eine Tonschale, einen Blumenuntersatz oder eine Anzuchtschale kommen Torf, Gartenerde oder einige Lagen Küchenrolle. Bei kleinen Samen werden mindestens 20, bei größeren Samen 10 Stück leicht in das Substrat eingedrückt (außer bei Lichtkeimern), leicht mit Erde bedeckt und angegossen. Das Keimgefäß sollte mit Glas oder Plastik abgedeckt werden.

Der Keimversuch sollte bei ca. 15 bis 20 Grad durchgeführt werden. Nach Ablauf der Keimzeit werden die gekeimten Samenkörner gezählt. Haben nicht mehr als 50 % gekeimt, wird dieser Samen als Vogelfutter verwendet, jedoch keinesfalls ausgesät.

Keimdauer

Viele Samen brauchen sehr lange zum Keimen. Waldmeister keimt erst nach 200 Tagen. Petersilie keimt bei nasskaltem Wetter sehr schlecht und es kann auch vorkommen, dass dieser von den Schnecken abgefressen wird, bevor wir ihn mit freiem Auge sehen.

Hier einige Beispiele für die unterschiedliche Keimdauer in Tagen

Radieschen 6,
Kopfsalat, Kürbis, Kohlrabi 7,
Brokkoli, Kohl, Karfiol, Sprossenkohl und Sellerie 8,
Gurken, Mais 9,
Spinat, Erbsen 10,
Rote Rüben 13,
Buschbohnen, Stangenbohnen, Zwiebel, Lauch 14.
Karotte 16,
Petersilie 30.

Keimenergie

Je gleichmäßiger und schneller die Samen keimen, umso größer ist die Keimenergie. Die Keimenergie ist begrenzt, deshalb findet sich auf den Samensackerln auch ein Ablaufdatum.

Im geheizten Glashaus kann früh mit der Jungpflanzenzucht begonnen werden.

Jungpflanzenanzucht

Vor Ende März sind geschützte Kulturräume wie Gewächshaus, Frühbeetkasten oder eine Fensterbank nötig.

Im Kleingewächshaus auf der Fensterbank kann man die Bedingungen gut kontrollieren.

Keimtemperatur

Für die Keimung und Aufzucht sind gewisse Temperaturen nötig.

Die frisch pikierten Tomaten fühlen sich wohl in solchen Kleingewächshäusern, wie sie Josef Lenglachner aus Pitzenbergholz anfertigt.

Tabelle für Aussaattemperatur und -termin

Gemüseart	Temperatur am Beet	Temperatur bei Keimung/Anzucht	Saat im Freiland ab	Bemerkung
Brokkoli	15-20	10-12	April	Keine überständigen* Pflanzen verwenden!
Chinakohl	18-22	12-18	Ende Juni	Schossrisiko** bei Frühanbau
Endiviensalat	20-22	14-20	schwierig	Hitze und Kälte führen zum Schossen**
Gurken	23-26	18-22	nein	Sehr wärmebedürftig
Karfiol	15-20	10-12	April	Keine überständigen Pflanzen verwenden!
Knollenfenchel	20-22	14-20	schwierig	Keine überständigen Pflanzen verwenden!
Kohlrabi	18-20	10-14	April	Kälte führt zum Schossen
Kopfkohl	15-20	10-12	April	Besonders gut für Freilandsaat geeignet
Paprika	23-26	18-22	nein	Nicht zuviel gießen, warm halten
Petersilie	18-20	13-18	April	Nicht zu dicht säen, schosst nach Kälte
Porree	18-20	10-16	April	Für Frühanbau geeignete Sorten wählen
Radicchio	26-28	16-20	Juni, schwierig	Erst ab Juni säen, schossgefährdet
Sprossenkohl	15-20	10-12	April	Besonders gut für Freilandsaat geeignet
Salat	12-15	8-12	schwierig	Über 18°C Keimhemmung***
Schnittlauch	15-20	12-15	Mai	Saaten vor April schossen im 1. Jahr
Sellerie	18-20	16-20	nein	Pflanzung nicht vor Mai, schosst leicht
Tomaten	23-26	16-22	nein	Vertragen auch kühlere Temperaturen
Zucchini	23-26	18-22	nein	Kleine Pflanzen wachsen besser an

**Überständige Pflanzen sind solche, die durch zu engen Stand der Pflänzchen zu lange am Wachsen gehindert werden. **Schossen, Schießen = Auswachsen. ***Keimhemmung heißt, gewisse Stoffe im Samen verhindern, dass er zur falschen Jahreszeit austreibt. Lagerkartoffeln werden oft mit künstlichen Keimhemmern behandelt.*

Pflanzenaussaat

Aussaat nach dem Mond

Alle Gemüse von denen der oberirdische Teil verwendet wird, werden bei zunehmendem Mond gesät. Jene Gemüse, von denen der Teil unter der Erde verwendet wird, werden bei abnehmendem Mond gesät und gesetzt. Einzige Ausnahme ist der Salat, da dieser, bei zunehmendem Mond gesät, oder gesetzt, gern schießt.

Für die Anzucht gibt es Schalen mit Deckel zu kaufen. Es kann natürlich jede beliebige Schale verwendet werden, doch sollte sie mit Plastik oder einer Glasplatte abgedeckt werden, damit ein günstiges Kleinklima erreicht wird.

Solange an der Abdeckung Wassertropfen sind, wird nicht gegossen.

Anzuchterde

Als Substrat wird Anzuchterde verwendet. Diese ist nur schwach aufgedüngt und hat einen hohen Anteil an Schwarztorf.

Wer mag, kann sich auch selber die Erde richten. Man verwendet Reifekompost und gute Gartenerde 1:1 und mischt ein Drittel rassen Sand dazu. Um keimfreies Substrat zu erreichen, müsste die selber gerichtete Erde gedämpft werden.

Nicht verwenden darf man stark aufgedüngte Topferde, denn durch den hohen Salzgehalt dieser Erde würden die Keimlinge geschädigt.

Aussaattermin

Bei Besitzern von Glashäusern oder guten Frühbeeten beginnt bereits im Februar ein Kribbeln. Die Tage sind schon länger und die Zeit für eine Bepflanzung naht.

Im Frühjahr sät es sich besser, doch säen Sie nicht zu früh aus. Wenig Licht im Winter lässt die Keimlinge kraftlos erscheinen. Sie werden anfällig und kippen manchmal schon kurz nach dem Keimen durch Pilzbefall oder durch ‚Vergeilen' um.

Wenn sich der Boden ausreichend erwärmt hat, ist eine Aussaat zur Jungpflanzenanzucht auch im Freiland mit Vliesabdeckung möglich.

Wenn auf Samentüten „Frühling" steht, ist die entsprechende Witterung gemeint.

Saattiefe

Das meiste Saatgut keimt bei dünner Abdeckung mit Erde. In der Regel ist es das zwei- und dreifache des Samendurchmessers. Aber Spinat muss 3 cm tief in den Boden. Eine Vliesabdeckung fördert die Keimung.

Dunkelkeimer: Abdeckung. 15 - 20 Grad.

Lichtkeimer: Keine Abdeckung. 20 Grad. Sellerie, die meisten Kräuter und einige Blumen sind Lichtkeimer.

Kaltkeimer: Brauchen einige Zeit bei -4 bis +5 Grad. Keimung ab 10 Grad. Werden im Herbst oder zeitigen Frühjahr gesät.

Tabelle für Saat- und Pflanztermin, sowie Standweite und Erntetermin von Gemüse

Gemüseart	Saattermin	Pflanztermin	Standweite cm	Erntetermin
Buschbohnen	E April - M Juli	-	Reihe 40 - 50	E Juni - Oktober
Stangenbohnen	A Mai - M Juni	-	100 x 50, 5 -7 Korn	M Juli - Oktober
Erbsen	März - Mai	-	40 - 50 x 5	Juni - Juli
Fenchel	Februar x)- A Juli	März - August	40 - 45 x 20	Juli - Oktober
Gurken	ab A Mai	M Mai	100 - 150 x 30	Juli - Oktober
Einlegegurken	A Mai	M Mai	120 x 25 - 30	Juli - September
Treibgurken	Jänner - M Juli	A Febr. - A Aug.	130 x 50	3 - 7 Wochen nach Pflanzung
Karotten	März - Juli	-	Reihe 25 - 30	Juni - Oktober
Brokkoli	Februar x) - Juli	E März - August	50 - 60 x 40 - 50	Juni - Oktober
Karfiol	Februar x) - Juli	EMärz - Oktober	50 - 60 x 40	Mai - Oktober
Chinakohl *Herbst*	E Juli - 5. Aug.	E Aug. - A Sept.	50 x 40	Sept. - November
Kohl	Februar x) - Juni	E März - Juli	40 - 60 x 50	A Juni - Nov.
Kohlrabi	Februar x) - Juli	April - August	30 x 25 - 30	Juni - Oktober
Sprossenkohl *Winterkultur*	E April - M Mai	Mai - Juni	70 x 50	Dezember - März
Weißkraut *Frühsorten*	Jänner x) - Febr.	März - M April	40 - 50 x 35 - 40	E Mai - Juni
Weißkraut *Lagersorte*	E Feber x) - Mai	A April - M Juni	50 x 30 - 40	Juni - A Nov
Blaukraut	E Feber x) - Mai	A April - M Juni	50 x 30 - 40	Juni - A Nov
Kürbis	A April in Töpfe - A Mai	-	100 - 150 x 60 - 100	ab Juni
Mangold	M April - Juli	-	30 x 35	-
Paprika	Februar - März x)	M Mai	50 x 30	ab Juli
Pfefferoni	Februar - März x)	M Mai	50 x 30	ab Juli
Pastinak	März x) - Mai	-	40 - 50 x 10	Sept. - November
Petersilie	März	-	25 - 40 x 5 - 8	Sept. - November
Porree *Winterkultur*	E März - April	E Mai - Juni	50 x 15	Oktober - März
Radieschen	März - August	-	10 - 15 x 5 - 8	Mai - Oktober
Rettich	März - Juli	-	30 - 40 x 20	Juni - November
Rote Rüben *Normalkultur*	M Apr. - M Juni	-	25 - 50	September - Okt.
Rote Rüben *Spätkultur*	M Juni - E Juli	-	25 - 50	Oktober - Nov.
Feldsalat	E Juli - M Sept.	-	10 - 20	September - April
Treibsalat	Jänner - M Febr.	E Jän. - M März	25 x 25	M März - E April
Freilandkopfsalat	März - Juli	ca. 1 Monat später	30 x 25 - 30	Juni - A Oktober
Bunte Pflücksalate	März - A Sept.	März - A Sept.	25 x 25	E April - Oktober
Zuckerhut	A Juni - August	E Juni - E Aug.	30 x 25 - 30	Sept - Oktober
Knollensellerie	E Febr. - A März	M Mai	50 x 40	Oktober
Spinat *Frühjahr*	März	-	Reihe A 25 - 30	Mai
Spinat *Herbstkultur*	August - Sept.	-	Reihe A 25 - 30	Oktober - Nov.
Tomaten	März	M Mai	100 x 40 - 60	Ab Juli
Sommerzwiebel	E Febr. - E März	-	Reihe 30 - 40	August - Oktober

Erklärung: A – Anfang, E - Ende, M – Mitte, **x) – Anzucht nicht im Freien.**

Pikieren

Sobald zwei Keimblätter gut entwickelt sind, ist zu pikieren. Der Pflänzchenabstand in Anzuchtschalen beträgt 3 - 10 cm je nach Pflanzenart.

Mit einem Pikierhölzchen (ein bleistiftähnliches Stäbchen) hebt man die Pflänzchen aus der Saatschale hoch, so dass die Wurzeln nicht abgerissen werden. Sind die Wurzeln lang, werden diese etwas gekürzt. Dadurch wird eine bessere Wurzelentwicklung erreicht.

Wichtig ist, dass die Erde an die Wurzeln gut angedrückt wird.

Zur Pflanzenanzucht eignen sich Anzuchtbecher aus Torf, für Tiefwurzler sind die höheren Kaffee- oder Joghurtbecher mit Löchern im Boden besser geeignet.

Auspflanzen

Ins Freiland kommen die vorgezogenen Pflanzen sobald es die Witterung erlaubt. Kälteempfindliche Pflanzen kommen erst nach den Eismännern (12. – 15. Mai) nach draußen.

Ein einfacher und wirksamer Schutz vor der Kälte der Nacht sind Blumentöpfe. Diese werden abends über die Pflanzen gestülpt und morgens wieder daneben gestellt.

Abhärten

Pflanzen, die auf der Fensterbank vorkultiviert wurden, sollten langsam abgehärtet werden. Günstig wäre es, die Pflanzen an einem warmen, trüben oder regnerischen Tag ins Freie zu bringen. Das Abhärten kann auch in Frühbeetkästen oder Folientunneln geschehen. Wichtig für das Abhärten ist Licht und kühlende, bewegte Luft.

Nach gutem Abhärten fällt ein Pflanzschock weg.

Bei Unterschreitung der erforderlichen Temperaturen kommt es zu Wachstumsstörungen. Bei manchen Arten wirkt die Kälte als Blühreiz und führt zum vorzeitigen Schossen der Pflanzen. Sellerie und Porree sind in dieser Hinsicht sehr empfindlich.

Pflanztiefe

Die Pflanztiefe ist besonders wichtig. Salat wird hoch gepflanzt, damit es weniger Probleme mit der Salatfäule gibt. Sellerie wird hoch gepflanzt, damit sich große Knollen bilden.

Porree wird zur besseren Entwicklung eines langen weißen Schaftes tief gepflanzt.

Alle Kohlgewächse tief pflanzen, damit es weniger Probleme mit dem Kohlgallenrüssler gibt. Tomaten tief pflanzen, damit sich viele Wurzeln bilden.

Pflanzabstand

Der Pflanzabstand sollte unbedingt eingehalten werden. Platz sparen geht immer auf Kosten der Entwicklung der Pflanzen. Die Ernte wird nicht höher, sondern geringer, und die Qualität leidet ebenfalls. Krankheiten treten häufiger auf.

Beim Abstand soll man an den Platzbedarf der fertigen Pflanze denken.

Reihensaat

Der Samen von Gemüsesaaten sollte nur in Reihen ausgebracht werden. Das spart nicht nur Saatgut, sondern ist auch die Voraussetzung für einen lockeren Pflanzenbestand.

Die Pflanzen erhalten von allen Seiten Licht und Luft, sind abgehärtet gegenüber Pilzkrankheiten und verschiedenen Schadinsekten. Beim Anbau in Reihen ist außerdem eine Bodenlockerung viel leichter durchzuführen.

Steht das Gemüse nach einer Wurfsaat wild verteilt, ist es viel empfindlicher gegen Niederschläge und gegen Bewässerung, weil der Gas–Luftaustausch bei verkrustetem Boden nicht stattfinden kann. Dadurch kommt es zu Wurzelschäden, Kümmerwuchs und aufgehellten Blättern.

Wird der Boden zwischen den Reihen gemulcht, wird das Verschlämmen des Bodens und weitgehend das Keimen von Unkraut verhindert.

Anzuchthilfen

Mehr Wärme für die Pflanzen und Schutz vor Schlechtwetter sind der Hauptzweck von Hilfsmitteln, die von einer einfachen Salathaube über Folien und Vliese bis hin zu Frühbeeten und Glashäusern reichen.

Abdecken mit Vlies

Eine Abdeckung mit Vlies, Lochfolien und Kulturschutznetzen erwirkt beim Wurzelgemüse die Ernte um 14 Tage früher und ist auch für Salat und Kohlgemüse gut geeignet.

Neben einer Verbesserung des Mikroklimas durch die Ausschaltung von zu hohen Temperaturschwankungen wird auch die Luftfeuchtigkeit gleichmäßiger.

Durch Kulturschutznetze wird eine ganze Reihe von Schadinsekten von den Kulturen ferngehalten.

Frühbeet

Ein Frühbeet bringt so viele Vorteile.

Ende Februar kann es schon mit Salat und Kohlrabi bepflanzt werden.

Frisches gutes Gemüse kann bald im Frühling geerntet werden. Sät man auch gleich Radieschen ins Frühbeet, hat man bald knackiges, hochwertiges Gemüse und das lohnt die Mühe.

Ab Anfang Februar wird die Grube 50 – 70 cm tief ausgehoben. 30 – 50 cm Pferdemist wird in drei Schichten hineingegeben. Jede Schicht wird gut angetreten und wenn der Mist sehr trocken ist, wird mit lauwarmen Wasser angegossen.

Bestens geeignet ist strohiger Pferdemist, doch auch mit Sägespänen kann dieser verwendet werden. Wie stark die Wärmeentwicklung später ist, hängt vom Material und von der Stärke der Mistschicht ab. 30 cm sollte die Mistschicht betragen, ideal sind etwa 50 cm.

Rossmist für das Mistbeet ist in vielen Pferdeställen günstig oder gratis erhältlich.

Ganz schön warm kann es im Frühbeet werden. Lüften nicht vergessen!

Die „Fußbodenheizung" funktioniert durch eine rege Bakterientätigkeit beim Zersetzen der Mistpackung. Dadurch kommt es zu einer Erwärmung.

Wichtig ist, dass für die Bakterien optimale Lebensbedingungen geschaffen werden. Nahrung (Kompost), Feuchtigkeit und Sauerstoff müssen reichlich vorhanden sein.

Auf die Mistschicht kommen ca. 20 cm beste Gartenerde und darüber ca. 5 cm Reifekompost, der nur ganz seicht mit dem Rechen eingehackt wird. Zwischen Oberkante Erde und dem Glas müssen ca. 20 bis 25 cm frei sein, um Verbrennungen auszuschließen. Vor dem Bepflanzen wird öfter gelüftet, damit entstehende Gase entweichen können.

Ein Frühbeet sollte wärmetechnisch besonders günstig wirken, wie solche aus doppeltem Acrylglas. Es sollten auf keinen Fall billige Frühbeete sein, da diese keine lange Lebensdauer haben.

Alois hat schon länger als 15 Jahre ein Frühbeet und ist damit bestens zufrieden.

Auch eine gute automatische Belüftung ist unbedingt notwendig. Ansonsten kommen immer wieder Verbrennungen vor, wodurch das Gemüse geschädigt oder vernichtet wird. Und das tritt bei den billigen Ausführungen gar nicht so selten auf.

Ein alter Feuerwehrturm ist zum Zentrum eines Gewächshauses geworden.
Veronika Pitschmanns Garten in Pettenbach.

Gewächshaus

Wer es im Frühling kaum erwarten kann, zu säen und zu pflanzen, wird sich früher oder später ein Gewächshaus zulegen. Ein Kalthaus ohne Heizung verlängert die Gartensaison beträchtlich.

Bei einem temperierten Glashaus und bei einem Warmhaus für Tropenpflanzen sollte der Energieverbrauch im Verhältnis zum Nutzen gesehen werden. Gewächshäuser aus Glas, Doppelstegplatten oder Folie haben verschiedene Vor- und Nachteile.

Ein gutes Fundament sorgt für Standfestigkeit.

Eine automatische Lüftung schützt wie beim Frühbeet vor Überhitzung.

Glashäuser und Folientunnel sind, wenn diese nicht bepflanzt sind, im Winter zu gießen, da ansonsten die Erde versalzt und ausgetauscht werden muss.

Es kann auch Schnee hinein geschaufelt werden.

Ein Folienhaus ist in der Anschaffung günstiger und erfüllt seinen Zweck.
Das Folienhaus von Andreas Aichinger in Gschwandt.

Glas bricht leicht.
Vor den Scherben seines Glashauses stand August Steinbacher aus Frankenburg nach dem Hagel.

Doppelstegplatten gibt es in verschiedenen Stärken.

Alois überzeugte sich in Schneegattern von den Glashäusern der Fa. Hansel, deren rundes Dach sich als hagelfest erwiesen hat, wofür es auch 10 Jahre Garantie gibt. Außerdem kann das Gewächshaus jederzeit Meter für Meter verlängert werden.

Kondenswasser und Algen führen zur Verschmutzung in den Röhren der Stegplatten, wenn sie nicht so fachgerecht mit Spezialfolie abgeklebt sind wie auf dem rechten Foto.

Pflanzen fürs Gewächshaus

Nach dem ersten Salat kommen wärmeliebende Gemüsearten wie Paprika, Tomaten und Gurken ins Gewächshaus.

Eine Ziegelmauer hinter den Tomaten bringt zusätzliche Wärme.

Um halb zwei noch in voller Sonne. Am späteren Nachmittag spendet der Baum Schatten.

Gurken für ein Gewächshaus brauchen keine Bestäubung durch Bienen.

Beetformen

Ob die Beete an Barockgärten erinnern oder nur rechteckige Streifen sind, hängt ganz vom Geschmack des Gartenbesitzers ab. In letzter Zeit sind die ‚entgegenkommenden Beete' sehr in Mode gekommen, deren erhöhte Arbeitsfläche rücken- und gelenkschonend ist.

Flachbeet

Ebene Gartenbeete sind übersichtlich und können jedes Jahr neu angeordnet werden. Durch die Einteilung in Quartiere für Stark-, Mittel- und Schwachzehrer ist die Fruchtfolge gewährleistet.

Gut von beiden Seiten zu erreichen. Bretter bilden die Wege.

Kraterbeet der Umweltakademie im Siedlergarten bei der Landesgartenschau in Bad Schallerbach 2009.

Kraterbeet

Auf den Kanarischen Inseln schützen vertiefte Beete die Pflanzen vor starken Winden. Ein vertieftes Muldenbeet wirkt wie ein Hohlspiegel, in dem sich, so glauben einige, kosmische Energien sammeln.

Hügelbeet

Frisches organisches Material zu einem halbrunden Hügel aufgeschichtet, verrottet langsam und gibt Nährstoffe für die Pflanzen frei. Damit kann man auf kleiner Fläche gute Erträge haben. Eine Nord-Süd-Ausrichtung bringt jeder Seite Sonnenlicht.

Wabenbeet

Ein sechseckiges Hochbeet, das in der Mitte vertieft ist. Ein Pfahl in der Mitte kann eine zeltartige Folienkonstruktion halten und die Temperatur erhöhen.

Hügelbeet

In eine 30 cm tiefe Mulde wird gegen Wühlmäuse ein Drahtgitter, Farnblätter oder Fichtenreisig gelegt. Dann werden grobe Äste und Zweige aufgeschichtet. Die werden mit Grasziegeln abgedeckt. Darüber kommt Laub und Grobkompost und ein Mantel aus Gartenerde und Reifekompost.

Jede Lage muss gut angefeuchtet werden. Das Hügelbeet darf nie austrocknen.

Hochbeet

Ein Hochbeet ermöglicht eine bequeme Arbeitshöhe und spart einige Arbeit im Bücken. Auf keinen Fall ist ein Hochbeet nur etwas für ältere Leute. Durch die vielen Vorteile empfehlen wir es gerade für Garteneinsteiger. Sie werden staunen, wie viel Sie von einem einzigen Hochbeet ernten.

Ein sehr entgegenkommendes Beet

Alles im Blick hat man bei einem Hochbeet. Man ist näher an den Pflanzen und sieht, was sie brauchen und wer sie plagt. Das bisschen Jäten und Boden lockern kann im Sitzen erledigt werden. Man hat warmen und gut gedüngten Boden und kann im Frühjahr etwas früher beginnen.

Dafür lohnt es sich, für den Bau einiges an Arbeit zu investieren.

Die Steine sorgen für eine Fußbodenheizung während der Nacht im Hochbeet von Landesgartenfachberater Helmut Stundner.

Der Sonne entgegen

Eine Nord-Süd-Ausrichtung ist deshalb zu bevorzugen, weil so alle Pflanzen von morgens bis abends Sonne bekommen, während bei einer Ost-West-Ausrichtung eine Schattenseite entsteht.

Ein Hochbeet aus Rundholz hält mindestens 15 Jahre. Gar nicht teuer ist so ein Hochbeet, wenn es aus Holzstangen gebaut wird. Haltbarer, aber erheblich teurer sind Lärchenholz oder Recyclingmaterial.

Die Breite sollte etwa 120 bis 140 cm betragen, damit die Pflanzen in der Mitte noch gut erreichbar sind. An der Innenseite schützt ein Vlies das Holz. Gegen Wühlmäuse wird der Boden mit Maschendraht ausgelegt.

Aufbau eines Hochbeetes

Wie bei einem Hügelbeet entsteht durch die Verrottung der groben Materialien im Hochbeet Wärme. Dieser Effekt hält einige Jahre an. Dabei sinkt das Beet gleich im ersten Jahr um 10 bis 20 cm. Es muss also Kompost und Gartenerde nachgefüllt werden.

Als Unterlage eignen sich Steine oder Betonplatten.

Die Grube 30 cm tief ausgraben. Zur Stabilität dienen Querstreben.

Boden mit Maschendraht und Reisig auslegen.

Zuerst wird grober Strauchschnitt eingefüllt.

Dann Rasensoden, mit den Wurzeln nach oben und Laub.

Nach Grobkompost kommen zum Schluss Feinkompost und Gartenerde.

Dieser Querschitt durch ein Hochbeet zeigt, dass das eingefüllte Material bereits nach einem halben Jahr zu Erde geworden ist. Nur ganz unten sind noch ein paar grobe Äste erkennbar.

Starkzehrer als Hauptfrucht

Kohlgewächse, Tomaten und Gurken lieben Hochbeete. Salat, Spinat und Radieschen werden als Zwischenkultur gepflanzt.

Mischkultur auf dem Hochbeet.

Fruchtbarkeit für viele Jahre wenn man Kompost und Gartenerde nachfüllt.

4. Gemüse - nicht nur für Vegetarier

Bunte Gemüsevielfalt.

Gemüse hat einen hohen Wasser- und einen niedrigen Kaloriengehalt. Es enthält große Mengen bestimmter Vitamine und Mineralstoffe, die in anderen Lebensmitteln oft nicht in dieser Form oder Menge enthalten sind. Bekannteste Beispiele sind das Vitamin C und das Beta-Karotin, die Vorstufe von Vitamin A.

Kohlrabi aus dem eigenen Garten – ein Genuss.

Was wir alles pflanzen

Zu Ostern den ersten Salat aus dem Frühbeet zu ernten ist eine Freude. Radieschen werden nicht umsonst als Monatsrettich bezeichnet, sie sind wirklich nach vier Wochen zu ernten. Mit Kohlrabi ist man fast immer erfolgreich. Cocktailtomaten werden an der warmen Hauswand laufend reif.

Zarte Zucchini aus dem Frühbeet.

Gärtnern mit dem Mond

Viele schwören auf den Einfluss des Mondes und der Gestirne auf das Wachstum der Pflanzen. Zuerst müssen natürlich Bodenvorbereitung und Wetter passen, dann können wir uns die Jahrhunderte lange Erfahrung, die in Mondkalendern steckt, zu Nutze machen. Wer skeptisch ist, kann es ja selber ausprobieren.

Mond und Sterne

Die Mondkalender unterscheiden Wärme-, Kälte-, Luft und Wassertage, außerdem Blüten-, Blatt-, Wurzel- und Fruchttage. Auch der auf- und absteigende Mond ist von Bedeutung.

Vom richtigen Zeitpunkt

Bei Wurzelgemüse verwendet man den Teil, der unter der Erde wächst, es wird **bei abnehmendem Mond** gesät oder gepflanzt. Die Kräfte ziehen nach unten.

Karottenwurzeln

Gelber Mangold

Wird jener Teil verwendet, der über der Erde wächst, sät und setzt man **bei zunehmendem Mond**. Die Oberirdischen Teile werden bevorzugt.

Einzige Ausnahme ist der Salat, weil dieser, wenn er bei zunehmendem Mond gesät und gepflanzt wird, schießt, also auswächst.

Eine birnenförmige Cocktailtomate

An Fruchttagen wird Fruchtgemüse am besten **bei zunehmendem Mond** gesät.

Aprilwetter und Eismänner

Die Wetterlage bestimmt natürlich, wann wir säen und pflanzen. Oft ist es besser, warmes Wetter abzuwarten.

„Pflanz mich im April, dann komm ich wann ich will, pflanz mich im Mai, dann komm ich gleich“, ist eine alte Bauernregel für die Aussaat von Erdäpfeln.

Im Garten können wir uns bei Schlechtwetter mit Vlies, Salathauben und Tomatenfolien helfen.

Meteorologische Singularitäten

sind Witterungsregelfälle, die mit hoher Wahrscheinlichkeit in fast zwei Drittel aller Jahre auftreten. Dazu gehören der Märzwinter, das Aprilwetter, die Eisheiligen, die Junischafskälte, die Hundstage im August, der Altweibersommer Ende September, der Martini-Sommer Mitte November und das Weihnachtstauwetter.

Nach den Eismännern kommen unsere Sonnenkinder auf den für sie vorgesehenen Platz, der gut gelockert und feinkrümelig beste Startbedingungen gibt, sofern auch genügend Nährstoffe vorhanden sind.

Vor dem Pflanzen düngen

Besonders für die Starkzehrer sollte schon unmittelbar vor der Pflanzung ein guter, organischer Dünger ausgebracht werden. Der Dünger wird mit dem Rechen nur seicht eingearbeitet.

Weitverbreitete Plagegeister

Da wir besonders wohlschmeckende Pflänzchen in unseren Garten setzen, ist es ganz natürlich, dass auch andere etwas davon abhaben wollen. Seien wir also großzügig und pflanzen etwas mehr.

Weil aber einige Tierchen nicht wissen, dass die zarten Pflänzchen eigentlich für uns bestimmt sind, machen sie sich schamlos darüber her und verursachen in kurzer Zeit einen Kahlschlag. Gegen diese Plagegeister muss Notwehr erlaubt sein.

Schnecken

Zu den Schädlingen, die uns und den jungen Pflänzchen das Leben ganz schön schwer machen, gehören die Nacktschnecken. Oft werden über Nacht fast alle frisch gesetzten Pflanzen abgefressen.

Lockmittel

Vergessen Sie die Bierfallen. Bier zieht Schnecken 150 m weit an, also auch noch aus dem Nachbargarten. Bei ihrem Schneckentempo von 5 m pro Stunde brauchen sie dazu keine 2 Tage. Chemische Sensoren in ihrer Haut führen sie sicher zur Nahrungsquelle.

Schneckenkorn mit Lockwirkung kommt in Schneckenfallen nicht mit Erde oder Wasser in Berührung.

Schneckenfallen rechtzeitig aufstellen und laufend kontrollieren.

Schnecken sind Hermaphroditen mit männlichen und weiblichen Organen in einem gemeinsamen Geschlechtsapparat. Bei der Kopulation tauschen sie ihre Samen aus. Danach legen Wegschnecken 200 bis 400 Eier in mehreren Gelegen.

Die spanische Wegschnecke, Arion lusitanicus, wurde in den 1960er Jahren eingeschleppt.

Sie ist unempfindlicher gegen Licht und Trockenheit und frisst Unmengen an Grünzeug.

Nachkommen von 2 Schnecken bei 100 Prozent Überlebensrate.

1. Generation: 2 Schnecken x 300 Nachkommen = 600
2. Generation: 600 Schnecken x 300 Nachkommen = 180.000

Solche Schneckenfallen gibt es bei den Siedlervereinen.

Schneckenzaun. Länge und Winkel der Blechkante entscheiden über den Erfolg.

Natürliche Feinde schonen

Das sind Igel, Kröten, Eidechsen und Vögel. Schneckenzäune errichten. Schnecken absammeln.

Haufen neben Haufen können auch den geduldigsten Gärtner in Rage bringen.

Maulwurf lebend fangen

Eine Röhrenfalle in den Gang so einlegen, dass der Gang nicht unterbrochen wird und der Maulwurf von beiden Seiten in die Falle gelangt. Ist er gefangen, wird er an anderer Stelle wieder freigelassen, damit er sich dort vermehren und nützlich betätigen kann.

Blumenfliegen

der Gattung Delia legen ihre Eier an den Wirtspflanzen ab. Die Larven fressen sich durch Winterweizen, Zwiebeln, Kohlgewächsen und Rettich.

Die Zwiebelfliege und ihre Larve.

Schnecken fernhalten

Es gibt viele Vertreibungsmittel und scheinbar unüberwindbare Hindernisse, wie Sand, Eierschalen oder Sägespäne und in letzter Zeit die Samen des indischen Neembaumes. Es gibt auch Nematoden, die gegen Schnecken eingesetzt werden. Junge Pflanzen können mit Salathauben geschützt werden. Am wirkungsvollsten ist ein Schneckenzaun.

Maulwürfe

Der Maulwurf ist ein sehr nützliches Tier, der Engerlinge, Drahtwürmer und andere unterirdisch lebende Schädlinge vertilgt. Deshalb steht er auch unter Naturschutz. Seine Wühltätigkeit ist aber im Gemüsegarten unerträglich.

Fliegende Schädlinge

Auch Möhrenfliegen, Kohl- und Rettichfliegen, Lauchmotten, Zwiebelfliegen, Läuse und eventuell auch Schmetterlingsraupen können unsere, mit viel Mühe gepflegten Gemüsepflanzen schädigen oder ihnen den Garaus machen.

Kulturschutznetze zur Schädlingsabwehr

Diese sind so feinmaschig, dass sie Schädlinge nicht hindurch lassen. Die Netze müssen rechtzeitig, also vor dem Auftreten der entsprechenden Schädlinge, über die Kulturen ausgebreitet und dicht befestigt werden. Es ist darauf zu achten, dass Gemüse wächst und das Netz auf beiden Seiten locker zum Boden reichen muss.

Blattläuse

Blattläuse befallen vor allem Salate, Bohnen, Kohlarten, aber auch Tomaten und Paprika.

Läuse schädigen auf verschiedene Arten: Sie stechen Pflanzenteile an und saugen sie aus. Dadurch gehen Assimilate verloren und die Pflanzen verkümmern. Direkt nach dem Anstechen der Pflanzenzellen sondern die Läuse zu ihrem Schutz einen Stoff ab. In diesem können sich Viren von vorher angestochenen Pflanzen befinden.

Überschüssige Kohlenhydrate werden unverdaut ausgeschieden, die die glänzenden, klebrigen Blätter schwarz färben und so die Photosynthese behindern. Ameisen halten sich gerne Blattlauskolonien.

Maulwurfsgrillen

Die Werren fressen Pflanzenteile und Wurzeln. Ihre Tunnel sind bis zu 4 m tief.

Natürliche Feinde sind Spitzmaus, Star und Ringelnatter. Behälter als Fallgrube eingraben. Mit dem Finger den waagrechten Gängen folgen bis man den senkrechten Abgang zum Nest ertastet. Wasser mit ein paar Tropfen Spülmittel in die Gänge gießen. Das treibt die Werren an die Oberfläche und sie können abgesammelt werden.

Maulwurfsgrillen. Gryllotalpa gryllotalpa. Zur Paarungszeit Anfang Mai bis Mitte Juni verlassen sie den Bau. Weibliche Tiere fliegen in 4 bis 6 m Höhe und folgen dem Paarungsruf des Männchens, einem tiefen Surren. Die Weibchen legen 200 - 300 Eier in eine Brutkammer, pflegen die Eier und versorgen die Jungen aus einer Vorratskammer. Die werden nach etwa 2 Jahren geschlechtsreif und leben dann etwa ein Jahr.

Frost

Wintergemüse wie Sprossenkohl, Winterporree, Spinat und Feldsalat trotzen auch niedrigen Temperaturen. Wichtig ist, dass sie in gefrorenem Zustand nicht berührt werden, sonst zerreißen die Zellen nach dem Auftauen und die Pflanze geht zugrunde. Empfindlich reagieren alle Pflanzen auf wiederholtes Auftauen und Gefrieren. Fröste werden viel besser vertragen, wenn die Pflanzen unter einer Schneedecke sind.

Spinat und Feldsalat sollten bei Gefahr von Frösten mit Laub und Fichtenreisig abgedeckt werden. Das Gleiche gilt für Sprossenkohl und Winterporree, die wegen ihrer Frosthärte auch im Winter auf dem Beet bleiben können.

Winterendivien, Zuckerhut und Chinakohl können im Freiland bleiben, wenn sie im Frühbeet eingeschlagen werden. Das ist günstiger als im zu warmen Keller, wo die Pflanzen vielleicht bald zu faulen beginnen.

Taufrisch sollte Salat nicht sein

Blattgemüse muss vor der Ernte ein paar Stunden Tageslicht haben. Die Supermärkte wollen jedoch von den Gemüsebauern taufrischen Salat, damit er nicht so schnell welkt. Im eigenen Garten können wir Salat ernten, wenn er am gesündesten ist, kurz vor dem Verbrauch.

Hohe Nitratbelastung von Blattgemüse

Wird Blattgemüse geerntet, bevor das in der Nacht vorgelagerte Nitrat durch die Photosynthese in Zucker, Stärke usw. verarbeitet ist, wird Nitrat in Verbindung mit dem Speichel zu Nitrit. Dieses wird von freien Radikalen zu Nitrosaminen umgewandelt, die krebsfördernd sind.

Wer gerne ständig frische Salate aus dem eigenen Garten genießen möchte, ist im Herbst und Winter mit Feldsalat, Zuckerhut (bis –8 Grad C), Chinakohl, Winterendivie (bis –5 Grad C) aus dem Freiland gut bedient. Bei zu niedrigen Temperaturen müssen sie jedoch abgedeckt werden (Vlies).

Nicht nur Salat, auch Spinat und Mangold zählen zu den Blattgemüsen, ebenso Spargel und Rhabarber. Schnittpetersilie und Löwenzahn finden Sie im Kapitel Kräuter.

Salat das ganze Jahr

Kopf- und Pflücksalate gehören zur Familie der Lattichgewächse, Endivien und Zuckerhut sind Zichoriengewächse, Feldsalat ist ein Baldriangewächs, Rucola, Löwenzahn, Winterportulak und Wildkräuter sorgen fast das ganze Jahr für grünen Salat.

Warum wir Salat pflanzen

Salat gibt es doch das ganze Jahr zu kaufen. In regelmäßigen Abständen lesen wir in der Zeitung von Nitrat in Rucola oder Pestiziden in Salat aus dem Ausland. Im eigenen Garten verzichten wir bewusst auf chemische Spritzmittel und vermeiden Überdüngung. Außerdem ernten wir zum richtigen Zeitpunkt.

Eigener Salat verliert weniger Vitamine

Besonders Blattsalate verlieren relativ rasch Vitamine. Selbst gezogenes Gemüse hat niedrigere Schadstoffwerte und vor allem keinen Gehalt an Pestiziden, bei gekauftem inländischem Gemüse ist dieser wesentlich geringer als bei Ausländischem. Grund ist der geringere Einsatz von Chemie bei Pflanzenschutzmitteln. Auch die kürzeren Transportwege bedeuten weniger Vitaminverlust.

Lactuca sativa

Pflück- und Schnittsalat

Verschiedene Arten von Pflück- und Schnittsalat sorgen laufend für frisches Grün.

Groß ist das Angebot an Schnitt- und Pflücksalaten. In Samenkatalogen findet man bestimmt gute Sorten.

Kopfsalat, Eisbergsalat, Krachsalat

Wer seine Pflanzen selber zieht, sollte besonders bei Salat, alle 14 Tage bei abnehmendem Mond säen, damit man laufend Pflanzen hat. Werden die Pflanzen auch pikiert, wird durch die gute Wurzelentwicklung die Zeit bis zur Ernte herabgesetzt.

Für Nachschub ist bereits gesorgt.

Um gesunden Salat ernten zu können, sollte folgendes beachtet werden: Vermeiden Sie eine einseitige Düngung und verzichten Sie auf frischen Stalldung. Gut verrotteter Kompost in einer Menge von fünf Litern pro Quadratmeter deckt meist den Nährstoffbedarf.

Salat pflanzen

Kopfsalat will es kühl beim Keimen Zwei Tage lang bei 4 bis 8 Grad C kühl stellen.

Die Salatpflanzen sind sehr hoch zu setzen. Setzlinge mit Topfballen werden nur gut bis zur Hälfte in den Boden gepflanzt.

Die Pflanzen sollten nach dem Gießen bis zum Abend trocken sein. Wichtig ist, dass der Wurzelhals trocken bleibt. Selten, dafür durchdringend gießen.

Salatfäule

entsteht meist durch unzureichende Kulturmaßnahmen. Kein frischer Stallmist, einseitige Düngung vermeiden. Reifekompost seicht einarbeiten. Pflanzen hoch setzen.

Verkrüppelte Köpfe

Durch Lausbefall werden Salatpflanzen mit einem Virus infiziert und verkrüppeln. Vorbeugend mit Kulturschutznetz abdecken oder mit Brennnesselbrühe die Pflanzen spritzen. Ressistente Sorten pflanzen!

Wurzelläuse

sind häufig beim Salat. Man behandelt diese mit Brennnesselbrühe.

Zu viel Salat

Oft wird auf einmal zu viel Salat fertig und ein Teil wächst aus, er schießt. Es gibt schossfeste Sorten. Salat wächst aus, wenn ihm die Tageslänge sagt, dass es Zeit ist, Blüten zu bilden.

Einige Häuptel mit Gefühl etwas anheben, dadurch wird ein Teil der feinen Haarwurzeln abgerissen, wodurch er nicht so schnell schießt und der ganze Salat gut verwendet werden kann.

Garten-Senfrauke, Eruca sativa, syn. Rucola coltivata, ist der klassische Rucola. **Schmalblättriger Doppelsame**, Diplotaxis tenuifolia, od. Rucola selvatica, mit kleineren Blättern und intensiverem Geschmack wird am meisten verwendet.

Rucola, Rauke

Die Rauke wurde bei uns erst mit ihrem italienischen Namen wieder populär.

So blühen Wegwarte und Zuckerhut.

Im Spätherbst den Zuckerhut ausgraben und Wurzel an Wurzel in Kübel oder Kisten mit Erde geben. In einen kühlen Raum stellen und laufend ernten.

Zuckerhut

Zichorie, Zuckerhut und Radicchio eignen sich besonders gut als Folgekultur. In der zweiten und dritten Juniwoche wird, je nach Sorte, angebaut und im Juli gesetzt.

Der Zuckerhut, Cichorium intybus, benötigt einen Reihenabstand von 35 cm. Nach dem Aufgehen wird auf 35 bis 40 cm verzogen.

Radicchio

Beim Radicchio, Cichorium intybus var. foliosum, genügt ein Reihenabstand von 25 cm und ein Pflanzenabstand von 20 cm. Beim Saatgut von Radicchio ist auf Herbstsorten zu achten.

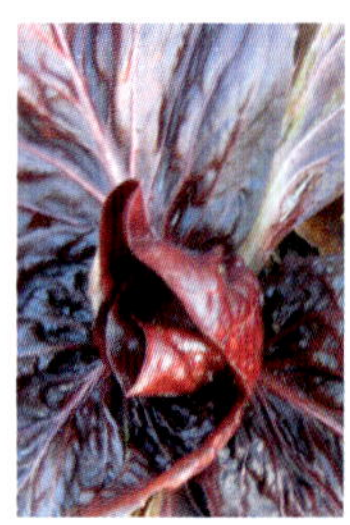

Radicchio wird im Spätherbst 5 cm über dem Boden abgeschnitten. Erst dann bilden sich die roten Rosetten, die pikant und leicht bitter schmecken.

Römer- oder Bindesalat

Die herbe Form des Salats. Zum Bleichen werden manche Sorten gebunden. Hat Namen wie Forellenschuss oder Teufelsohren.

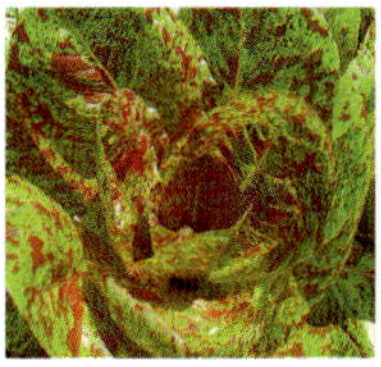

Endiviensalat

Endiviensalat ist ein winterlicher Magenfreund. Endivie ist mit dem Kopfsalat nicht verwandt, sondern eine Zichorienart. Das bestätigt ein Blick auf die Inhaltsstoffe.

Endiviensalat, Cichorium endivia, ist kalorienarm und versorgt den Organismus reichlich mit den Mineralstoffen Kalium, Kalzium und Phosphor. Der hohe Kaliumgehalt trägt dazu bei, den Wasserhaushalt der Zellen zu regulieren, den Organismus zu entwässern und zu entschlacken.

Die grünen Blätter enthalten am meisten das gesundheitsfördernde Intybin. Vor allem die dunkelgrünen Blattanteile der Endivie enthalten diesen Bitterstoff, der dem Salat den typischen Geschmack verleiht. Intybin wirkt harntreibend, regt die Magensekretion und den Speichelfluss an.

Auch der Farbstoff Chlorophyll befindet sich konzentriert in den grünen Blättern. Wie einige andere Pflanzenfarbstoffe bindet Chlorophyll Krebsauslöser wie Nitrosamine und beugt damit Tumoren vor.

Die Qualität von Endivien wird am gelben Blattanteil gemessen. Doch im Hinblick auf die Inhaltsstoffe müsste es gerade umgekehrt sein.

Winter-Endivien können im Juli gesät und gesetzt werden.

Endivien regen die Darmtätigkeit an und stabilisieren die Darmflora.

Ein intaktes Darmgefüge ist Voraussetzung für ein leistungsfähiges Immunsystem. Und da es gerade in den Wintermonaten viele Infektionen abzuwehren gilt, ist Endiviensalat für diese Jahreszeit ausgezeichnet.

Früher wurde Endivien so zusammengebunden. Das braucht man bei den heutigen Sorten nicht mehr.

Der herb-bittere Geschmack lässt sich mit einer Zuckergabe in der Salatsauce mildern. Durch die weit verbreitete Unsitte, den geschnittenen Salat in warmes Wasser einzulegen, wird der gesundheitsfördernde Bitterstoff Intybin ausgeschwemmt und auch wertvolle wasserlösliche Vitamine gehen verloren.

Asia Salate

Zarte Blätter, Baby Leaves, im Winter aus dem ungeheizten Gewächshaus zu ernten ist bei einigen asiatischen Gemüsen möglich. Manche halten - 20 Grad aus.

Frische Blätter aus Fernost

Mizuna, Brassica rapa japonica, ist milder als Rucola.

Blattsenf, Brassica juncea. Die jungen Blätter schmecken leicht nach Kren, können auch als Spinat gekocht werden.

Shungiku, Chrysanthemum coronarium, hat Selleriegive aroma und kann ab März ins Freiland.

Chinesischer Koriander, Coriandrum sativum.

Shisha, Perilla frutescens. Die krausen und violetten Blätter mögen es etwas wärmer.

Blätter von Rote Bete Sorten.

Red Giant kann fast ganzjährig gezogen werden.

Tatsoi, Rosetten Pak Choi, Brassica rapa chinensis. Die dunkelgrünen Blätter werden geschnitten.

Catalogna, Cichorium intybus foliosum Hegi, sieht aus wie großer Löwenzahn und ist bitter.

Feldsalat

Vogerlsalat, Valerianella oder Rapunzel wird ab Mitte August ausgesät. Natürlich ist der Boden vorher gut vorzubereiten. Feldsalat ist Lieferant für Salat im Herbst und im Frühling. Für die Überwinterung wird bis Ende September gesät.

Die beste Winterhärte haben Pflanzen mit zwei bis vier Blättern. Zur Unkrautbekämpfung ist Reihensaat mit 10 – 20 cm Abstand günstiger als Wurfsaat.

Alte Salatsorten

Spargelsalat

Latuca sativa angustana, ist eine Züchtung, die zuerst als Pflücksalat verwendet wird, dann werden die Blattrippen gegessen.

Winterportulak, Tellerkraut

Montia perfoliata, wird wie Feldsalat verwendet.

Löffelkraut

Cochlearia officinalis. Die Blätter können sogar unter dem Schnee gepflückt werden.

Blutampfer

Für Salate und Suppen könnte man auch den Blutampfer, Rumex sanguineus verwenden.

Mangold

Blattmangold wird als Spinat verarbeitet, bei Rippenmangold werden die Blattrippen herausgeschnitten und wie Spargel gedünstet. Die gelben und roten Sorten bringen Farbe in den Gemüse- und Blumengarten.

Mangold wird erst ab Mitte April im Abstand 30 x 35 cm gesät. Die äußeren Blätter nach Bedarf ernten. Diese sollten jedoch nicht größer als ca. 15 cm werden, da sie dann einen leicht bitteren Geschmack erhalten. Die Herzblätter müssen bleiben, damit wieder Blätter nachwachsen können.

Mangold. Beta vulgaris.

See-Mangold, B. v. maritima.

Bei Trockenheit ist, wie bei den meisten Pflanzen, durchdringend zu gießen.

Spinat. Spinacia oleracea.

Sicher kommen Sie mit einem kleineren Beet aus.

Spinat

Wollen wir zeitig im Frühjahr bereits Spinat aus dem eigenen Garten haben, dann sollten wir ihn Mitte September anbauen. Auch hier ist Reihensaat besser. Der Reihenabstand beträgt 25 bis 30 cm. Die Erde sollte feinkrümelig sein, da die Samen besonders festen Erdkontakt zur Keimung benötigen.

Spinat tief säen

Wird der Samen ca. 3 cm tief gelegt, ist er der Trockenheit weniger ausgesetzt und keimt daher wesentlich besser.

Spinat nicht überdüngen

Um den Nitratgehalt beim Spinat niedrig zu halten, ist vorsichtig zu düngen. In der Regel genügt das, was die Vorfrucht übrig gelassen hat, ansonsten genügt ein wenig Reifekompost.

Spinat eignet sich auch zur Winterbegrünung, wodurch kaum Nitrat in das Grundwasser gelangt.

Spinat darf niemals aufgewärmt werden, da durch das Aufwärmen Nitrat zu krebsförderndem Nitrit wird.

Alte Spinatsorten

Zu Recht oder Unrecht vergessen wurden viele alte Sorten. Entscheiden Sie selber.

Blitum capitatum. Die Blätter werden wie Spinat verwendet.

Erdbeerspinat

Die leuchtend roten, leicht süßlichen Früchte sehen wie Monatserdbeeren aus.

Tetragonia tetragonioides. Enthält Calcium, Eisen und Vitamin C.

Neuseeländer Spinat

Keimtemperatur nicht unter 20 Grad. Triebspitzen ausbrechen, damit keine Blüten gebildet werden.

Baumspinat. Chenopodium giganteum.

Baumspinat

Das Fuchsschwanzgewächs wird bis zu zweieinhalb Meter hoch und wie Spinat verwendet.

Chenopodium quinoa.

Der gute Heinrich. Chenopodium bonus-henricus.

Quinoa

Die Blätter werden als Gemüse oder Salat verzehrt.

Malabarspinat. Basella alba.

Die wärmeliebende Pflanze mit bis zu sechs Meter langen Trieben kann nur im Gewächshaus angebaut werden.

Malabarspinat

Die jungen Blätter und zarten Triebe enthalten eine schleimige Substanz, die von vielen als unangenehm empfunden wird.

Brassica rapa rapifera pabularia.

Rübstiel, Stielmus

ist Kraut von sehr eng angebauten Rüben oder die Sorte Namenia.

‚Meier' heißt Amaranthus blitum auch.

Spinatamarant

Im Vergleich zu Spinat bitter, aber sehr vitaminreich.

Malva verticillata.

Gemüsemalve

Die uralte, in Vergessenheit geratene Spinatpflanze wird bis zu 2,5 m hoch.

Gartenmelde

Der ‚Spanische Salat' wird wie Spinat verwendet, ist aber wüchsiger und kann früher geerntet werden. Direktaussaat von Mai bis August oder im Oktober für das Frühjahr.

Atriplex hortensis. Ein Gänsefußgewächs mit viel Vitamin C, Kalzium und Eisen.

Die Blätter gut waschen, um das Blattmehl zu entfernen.

Zwiebelgemüse

Knoblauch vertreibt nicht nur Vampire

Knoblauch dürfte eine wichtige Rolle bei der Vorbeugung von Krebsarten des Verdauungssystems spielen. Vergleiche aus Süditalien, wo viel Knoblauch gegessen wird, mit Norditalien, wo nur wenig Knoblauch verwendet wird, deuten darauf hin.

Knoblauch, Allium sativum, gedeiht am besten, wenn die Zehen gegen Ende des Monats September im Abstand von 15 x 20 cm und sieben Zentimeter tief in den Boden kommen.

Knoblauch zur Lagerung erst ernten, wenn das Laub vollkommen abgestorben ist.

Es hat sich erwiesen, dass Knoblauch aus südlichen Ländern mitgebracht, eine schlechte Ernte ergibt. Deshalb sollte nur einheimische Ware gepflanzt werden.

Die Knolle hat es in sich

Beim Zerdrücken von Knoblauch entsteht das stark riechende Molekül Allicin, das sich augenblicklich in viele Schwefelverbindungen umwandelt und krebshemmende Eigenschaften hat. Diallylsulfid (DAS) und Diallyldisulfid (DADS) verhindern hauptsächlich die Bildung von Nitrosaminen. Möglicherweise lösen Knoblauchverbindungen die Zerstörung von Tumorzellen aus. In der Zwiebel enthaltene Polyphenole wie Quercetin zeigten im Labor eine ähnliche Wirkung.

Knoblauch braucht durchlässigen Boden und volle Sonne. Bei guter Humusversorgung braucht er keinen Dünger und Gießen ist nur bei längerer Trockenheit notwendig.

Mischkultur mit Erdbeeren.

Zwiebelfliege

Delia antiqua legt ab April, Mai ihre Eier in junge Zwiebeln.

Pflanzenschutznetze ab Beginn der Löwenzahnblüte über die Beete legen.

Mischkultur mit Karotten schützt vor der Zwiebel- und Möhrenfliege.

Die Luft- oder Etagenzwiebel, A. cepa proliferum, trägt anstatt Blüten Brutzwiebeln.

Lauchzwiebeln, Allium fistulosum, wachsen in jedem Klima. Bevorzugt wird ein trockener und tiefgründig gelockerter Boden.

Die Lauchröhren sollten bald nach der Ernte der Pflanze verzehrt werden, da sie wasserreich sind und schnell zu welken beginnen.

Steckzwiebeln

Bei Steckzwiebeln, Allium cepa, sind die in Haselnussgröße am besten. Steckzwiebeln werden von März bis April mit einem Reihenabstand von 30 bis 40 cm gepflanzt.

Röhren nicht umknicken

Die noch grünen Röhren im Herbst umzulegen ist falsch, da die Zwiebeln noch wachsen, solange die Röhren grün sind. Wenn die Zwiebeln ausgereift sind, ziehen die Röhren ein.

Schalotten

Für Salate und viele andere Speisen sind Schalotten etwas ganz Besonderes.

Die Heimat der Schalotte, Allium ascalonium, ist Palästina. Kreuzfahrer haben sie nach Europa gebracht.

Ab Ende März bis Mai werden die Bulben (kleine Steckzwiebeln) mit ca. 3 cm Durchmesser im Abstand von 25 x 25 cm in den Boden gesteckt. Ab Anfang Juni können die Pflanzen als Lauchschalotten, ab August als Trockenschalotten geerntet werden.

Lauchzwiebel, Winterheckenzwiebel

Im Frühjahr gibt es auf manchen Märkten Pflanzen für Jausenzwiebeln. Diese werden sehr groß, sind nicht so scharf, doch sehr gut im Geschmack. Lauchzwiebeln gibt es mit weißem und rosa, bis rötlichen Schaft. Die Lauchröhren werden in feine Ringe geschnitten und zu Aufstrichen und Salaten gegessen.

Wintersteckzwiebeln

Wintersteckzwiebeln, Allium fistulosum, sollten Mitte bis Ende September, spätestens Anfang Oktober fünf Zentimeter tief in den Boden gesteckt werden. Man hat im Frühjahr herrliche Jausenzwiebeln und wenn Zwiebeln teuer sind, kann schon geerntet werden.

Im Herbst gesteckt wachsen die Zwiebeln noch an.

Im Frühling gibt es bald frische Zwiebeln.

Perlzwiebeln

Allium ampeloprasum sind eine kultivierte Sorte des Ackerlauchs.

Porree, Lauch

Eine Reihe Lauch passt überall dazwischen.

Durch gezielte Kulturmaßnahmen gelingt es, fast das ganze Jahr Porree zur Verfügung zu haben. Gerade Winterporree ist ein herrliches Wintergemüse.

Im Mai wird der Winterporree sehr tief, mit Reihenabstand von 50 cm, in der Reihe auf 15 cm gesetzt. Die Setztiefe ist 10 cm. Später wird er noch angehäufelt, um einen langen weißen Schaft zu erreichen. Weder Wurzeln, noch Laub einkürzen.

Porree kann in einen ca. 20 cm tiefen Graben gesetzt werden, der dann, je nach Wachstum, laufend aufgefüllt wird.

Der Porree, Allium ampeloporasum syn. A. porrum, senkt den Cholesterinspiegel, ist ein Entzündungshemmer, erhält den Darm gesund und ist ein Krampfadernbekämpfer. Abgesehen von den ausgewogenen Mengen an Vitaminen und Mineralstoffen enthält Porree Allizin. Dieses geruchs- und geschmacksbildende Senföl wirkt vorbeugend, lindernd und heilend, besonders im Verdauungstrakt. Kaum im Magen räumt das Allizin schädliche Bakterien und Pilze aus. Sogar in der Harnblase tötet es Bakterien ab und verringert so eine mögliche Entzündung.

Porree macht den Boden gesund. Durch das feine Wurzelwerk belebt und lockert er den Boden.

Lauchmotte

Acrolepiopsis assectella, schädigt in zwei Generationen. Die erste im Juni/Juli, die zweite im August/September. Die Maden fressen sich durch den Schaft, wodurch die Pflanzen verkrüppeln und absterben. Eine Netzabdeckung verhindert die Eiablage der Lauchmotte.

Wurzelgemüse

Drahtwürmer

Die Larven der Schnellkäfer, Agriotes lineatus u. A. obscurus, fressen an Wurzeln von Karotten und Kartoffeln.

Natürliche Feinde wie Maulwurf, Spitzmaus, Kröten, Vögel und Laufkäfer fördern. Köder aus halben Kartoffeln oder Möhren mit der Schnittfläche nach unten 5 cm tief eingraben, täglich kontrollieren und die Würmer absammeln.

Ernte mit der Grabgabel.

Die Karotte, Daucus carota, hat 16 Tage Keimdauer.

Purple Haze heißt diese Karotte.

Anbau

Wurzelgemüse braucht lockeren, tiefgründigen Boden.

Ernte

Mit der Ernte vom Wurzelgemüse sollte möglichst lange gewartet werden, denn es legt im Oktober noch gewaltig zu. Gut ausgereiftes Gemüse hat eine längere Lagerzeit.

Die Ernte erfolgt sehr vorsichtig. Man sticht mit der Grabgabel vorne die Erde weg und dann kann man die Reihen mit der Grabgabel sachte nach vorne drücken. Man lässt das Wurzelgemüse am Beet abtrocknen und lagert es dann.

Lagerung

Blanchiertes Gemüse einfrieren. Wurzelgemüse im nicht zu warmen Keller in Sand gelegt lagern, oder in Sand im Plastikkübel mit Löchern bis zum Rand in Erde eingegraben und abgedeckt. Wer viel Wurzelgemüse hat, kann es in Erdmieten lagern.

Karotten, Möhren, Gelbe Rüben

Sehr früh können schon Karotten gesät werden, da diese bereits bei Bodentemperaturen von 5 bis 7 Grad keimen. Dazu werden mittelfrühe Sorten mit einem Reihenabstand von 25 cm verwendet.

Der Samen wird 2 bis 3 cm tief gelegt. Die Pflänzchen werden auf mindestens 3 cm Abstand vereinzelt. Die Saat vor Schnecken schützen.

Zweimaliges Verziehen ergibt eine höhere Ernte. Sobald die Blätter erfasst werden können, werden die Reihen gelichtet. Wenn die jungen Karotten zu dicht werden, wird jede zweite entfernt. Diese jungen Möhren sind sehr schmackhaft und nach deren Ernte haben die anderen genug Platz, sich zu entfalten.

Wachstumsstockungen bei Möhren werden meist durch schweren, verdichteten Boden verursacht. Boden tiefgründig lockern.

Karotten für die Herbsternte werden von Juni bis Juli mit einem Reihenabstand von 25 cm gesät. Sie entwickeln sich um diese Zeit besonders gut, platzen nicht und eignen sich deshalb zur Lagerung sehr gut. Günstig sind mittelfrühe Sorten.

Probieren Sie doch einmal gelbe und blaue Möhren.

Bei Trockenheit nach dem Keimen gar nicht gießen oder gründlich durchfeuchten. Oberflächliches Gießen regt zur Seitenwurzelbildung an.

Möhrenfliege

Psila rosae. Anfang bis Mitte Mai legt sie ihre Eier in Bodenritzen neben Möhren, Sellerie, Petersilie, Fenchel und Dill. Im Juni und als zweite Generation im Juli fressen die Larven an den Wurzeln.

Karotten, die bis Anfang/Mitte Juni geerntet sind, werden in der Regel von der Möhrenfliege nicht befallen.

Die zweite Generation der Möhrenfliege legt etwa im August/September ihre Eier ab und verursacht teilweise gravierende Schäden.

Petersilie, Petersilwurzen

Petersilie, Petroselinum crispum, keimt bei nasskalter Witterung sehr schlecht. Folienabdeckung schützt. Reihenabstand 30 cm. Vorjahrspetersilie schießt, wenn sie vor August ausgesät wurde.

Drei Petersiliensamen in Joghurtbecher anbauen und dann die kräftigste Pflanzen ins Freiland bringen. Die beiden anderen jung ernten.

Pastinak

Pastinaca sativa. Der süßlich-würzige Geschmack erinnert an Karotten und Sellerie und ist dem von Petersilienwurzeln ähnlich. Pastinak ist gegen Frost unempfindlich und kann bis zum Frühjahr geerntet werden.

Stangensellerie
Apium graveolens secalinum dulce.

Beta vulgaris. Gelbe Bete, Weiße Bete, weiß-rot gestreifte italienische Tonda di Chioggia.

Kalzium, Phosphor, Magnesium, Kalium sind reichlich vorhandene Mineralstoffe. Eisen und Silizium sind wertvolle Spurenelemente und mit den Vitaminen tragen sie zur Gesundheit dieses Gemüses bei. Die darin enthaltene Folsäure ist für die Nervenfunktion und das Zellwachstum wichtig. Sie unterstützt die Blutbildung und die Zellerneuerung, wirkt beruhigend und sorgt für einen gesunden Schlaf.

Es ist verständlich, dass bei dieser Anbaumethode die dicht stehenden Pflanzen eine etwas höhere Nährstoffgabe benötigen. Etwa 30 bis 40 g eines organischen Düngers reichen. Wurde guter Kompost eingebracht, kann die Düngung auf die Hälfte verringert werden.

Sellerie

Sellerie, Apium graveolens, so flach pflanzen, dass sich die Basis der Blattstiele über dem Boden befindet. Zu tief gesetzt bildet Sellerie auch am oberen Teil Seitenwurzeln und die Knollen bleiben klein. Damit sich kräftige Knollen bilden, braucht Sellerie von August bis Oktober viele Nährstoffe. Regelmäßig düngen.

Rote Rüben, Rote Bete

Bei den Roten Rüben, Betula vulgaris, darauf achten, dass diese nicht zu groß werden, da sie ansonsten viel vom guten Geschmack verlieren.

Gesät wird in Reihen von 40 cm, zwei bis drei Zentimeter tief. Nach dem Aufgehen auf ca. 8 cm verziehen.

Für den laufenden Verbrauch kann ab Mai schon gepflanzt werden.
Für die Herbstkultur zur Einlagerung ist ab Mitte Juni bis spätestens Ende Juli der ideale Saattermin.

Bei zu weitem Abstand werden die Rüben zu groß, wodurch ihr guter Geschmack verloren geht.

„Baby Rüben“ in einer Größe von 3 bis 5 cm zur Konservierung in Gläsern werden mit einem Reihenabstand von 15 bis 20 cm angebaut und in der Reihe auf 4 cm vereinzelt.

Beim Ernten Blätter nicht abschneiden sondern abdrehen.

Kartoffeln

Kartoffeln, sind Schlankmacher. Sie haben nur ein Fünftel der Kalorien von Nudeln, Brot oder geschältem Reis. Und das, obwohl sie durch ihre hochwertigen Kohlenhydrate besonders sättigend sind.

Zum Ankeimen können Saatkartoffeln mit den Augen nach oben in eine Kiste gelegt werden, auf deren Boden etwas Torfsubstrat liegt. Mit Folie abdecken. Wichtig sind luftiges Aufstellen und eine Raumtemperatur von ca. 12 - 15 Grad.

Topinambur

Knollensonnenblume, Helianthus tuberosus. Hervorzuheben ist der Gehalt an Inulin, einem Polysaccharid, das von Diabetikern gut vertragen wird. Helianthus strumosus hat mehr Nährstoffe.

Rüben

Mairüben, Herbst-, Wasser-, Stoppel- und Halmrüben, Teltower Rübchen, Bayerische Rüben, Brassica rapa rapa.

Kohl- u. Steckrüben, Brassica napus napobrassica.

Im Frühling oder als zweite Spätfrucht sind die schnellwachsenden Rüben eine Delikatesse.

Radieschen

Man sollte, um laufend für die Jause ernten zu können, alle 14 Tage bei abnehmendem Mond säen. Probieren Sie doch Sorten wie Riesen von Aspern, Ostergruß oder die weißen Eiszapfen.

Sommerradieschen, Raphanus sativus, erhalten einen Reihenabstand von 10 bis 15 cm, in der Reihe je nach Sorte 5 bis 8 cm. Sie sind, in ca. vier Wochen zu ernten.

Solanum tuberosum.

Fadenwürmer, Nematoden

Die Würmer, kleiner als 1 mm dringen in Wurzeln ein und bringen die Pflanzen zum Absterben.

Verseuchte Beete mit Tagetes, Zichorien, Luzerne oder Mais bepflanzen.

Kartoffelkäfer

Leptinotarsa decemlineata. Der gelbgestreifte Käfer und seine roten Larven fressen die Blätter bis aufs Gerippe ab.

Larven und Käfer absammeln.

Mairübe *Steckrübe*

Rettich und Radieschen sollten erst kurz vor dem Verzehr oder gar nicht gesalzen werden, damit nicht zu viel Kalium ausgeschwemmt wird.

Dank des geringen Kaloriengehaltes sind Rettiche und Radieschen gut geeignet für alle, die abnehmen möchten. Das Allyl-Senföl hat eine antibakterielle Heilwirkung. Es entwässert und entschlackt den Körper und ist heilungsunterstützend bei Gicht- und Rheumaleiden. Die schleimlösende Wirkung hilft bei Husten und Heiserkeit. Rettich regt die Gallensekretion an und wird bei Gallen- und Leberleiden empfohlen.

Winterrettich, besonders der schwarze, wird Ende Juni oder Juli (30 - 40 x 20 cm) angebaut.

Außen farbig, innen weiß und scharf.

Meerrettich, Armoracia rusticana.

Pflanzung in einer Gartenecke, wo er ungehindert wuchern kann. Im Herbst Wurzelstücke ab gut Fingerstärke wieder eingraben zur Ernte im nächsten Jahr.

Scorzonera hispanica. Enthält Inulin.

Der beim Schälen austretende Milchsaft wird sofort braun, daher Handschuhe verwenden und die Wurzeln gleich in Wasser legen.

Rettich

Für den Sommeranbau von Rettich, Raphanus sativus, gibt es eine reiche Auswahl an Sorten. Die Sorten Mino und Minowase benötigen nicht nur einen Abstand von 35 x 30 cm, sondern auch einen sehr tiefgründigen, humosen und etwas sandigen Boden von gut 30 cm Tiefe.

In den ersten Wochen zur Anregung der Wurzelbildung nur wenig gießen. Erst wenn der Rettich bleistiftstark ist, sollen die Wassergaben erhöht und auch eine gleichmäßige Wasserversorgung gewährleistet sein. Schlechte Ernten sind immer auf zu reichliche Wassergaben am Anfang der Kultur zurückzuführen.

Die genannten Rettiche sind sehr schön und sehr lang, doch mir ist lieber ein Rettich mit kräftigerem Geschmack und daher säe ich immer noch die alte Sorte Münchner Bier dazu.

Wurmig wird Rettich durch die Larven der großen Kohlfliege, Delia floralis.

Kren

Vor der Verbreitung von Pfeffer waren Kren und Senf die einzigen scharfen Gewürze. Wasabi, der japanische Kren ist etwas schärfer und grün.

Schwarzwurzeln

Sie sind ein Zichoriengewächs und können gut als zweite Kultur gepflanzt werden.

Altes Wurzelgemüse

Alexander, Smyrnium olusatrum, auch Gelbdolde oder Eppich genannt.

Zuckerwurzel, Sium sisarum. Die Wurzeln sehen wie Rastalocken aus.

Rapunzelglockenblume, Campanula rapunculus, hat eine weiße, fleischige Wurzel, die Blätter werden wie Feldsalat verwendet.

Erdkastanie, Conopodium majus, die 2 cm großen Knollen sind schmackhaft.

Knollige Platterbse, Lathyrus tuberosus, hat sehr schmackhafte Wurzelknollen.

Haferwurz, Tragopogon porrifolius, werden wie Schwarzwurzeln gegessen.

Rapontika Nachtkerze, Oenothera biennis, die gelbe Rapunzel ist sehr gesund.

Knollenziest, Stachys affinis, enthält Stachyose, eine Zuckerart, die aus zwei Molekülen Galaktose und je einem Molekül Fructose und Glucose besteht.

Exotische Wurzeln

Viele Naturvölker leben von Wurzeln und Knollen. Einige davon finden wir auf unseren Märkten, andere werden bald auftauchen. Süßkartoffeln, Yamswurzeln usw. Viele davon können auch bei uns angebaut werden.

Yacon, Smallanthus sonchifolius. Die Wurzelknollen der imposanten Indianerpflanze werden nach dem Frost ausgegraben. Sie enthalten ein pflanzliches Glutamat.

Japanische Speiseklette, Arctium lappa, ein zweijähriges winterfestes Wurzelgemüse.

Erdmandel, Chufa, Cyperus esculentus. Die kleinen Knollen enthalten 25 % Fett, 30 % Stärke und 7 % Eiweiß.

Dieses Riedgras ist anspruchslos und bildet 1 - 2 cm große Knollen, die nach Mandeln schmecken.

Kohlgewächse

Gesunder Kohl

Kohlgewächse senken das Erkrankungsrisiko für mehrere Krebsarten. Viele sekundäre Pflanzenstoffe in Gemüse aus der Familie der Kreuzblütler (Kohl, Kraut, Brokkoli, Weiße Rübe, Brunnenkresse, Gartenkresse, Radieschen/Rettich) haben krebshemmende Eigenschaften.

Kohl gegen Krebs

Glukosinolate in Kohlgewächsen setzen zwei Arten von Wirkstoffen frei: Isothiocyanate und Indole. Beide haben eine sehr hohe anti-karzinogene Wirkung. Kaut man Broccoli, mischt sich Glucoraphanin mit Myrosinase und wird in Sulforaphan umgewandelt, ein hochwirksames Anti-Krebs-Molekül.

Einerseits entgiftet Sulforaphan, es eliminiert mögliche krebsauslösende toxische Substanzen aus dem Organismus, andererseits kann Sulforaphan offenbar direkt den Tod von Krebszellen auslösen. In Laborversuchen zeigte dieses Molekül die Fähigkeit, die Vernichtung verschiedener Tumorzellen auszulösen. Sulforaphan besitzt außerdem antibiotische Eigenschaften, besonders gegen das Bakterium, das Magengeschwüre hervorruft, Helicobacter pylori.

Weitere Moleküle in den Kohlarten schützen vor Krebs. Phenetylisothiocyanat (PEITC) zwingt Krebszellen zum programmierten Selbstmord. Indol-3-carbinol (I3C) beeinflusst östrogenabhängige Krebsarten, indem es die Fähigkeit des Hormons Östradiol einschränkt, zum Zellwachstum anzuregen.

Es wird empfohlen, die Kohlarten nicht zu lange und nicht in zu viel Wasser zu kochen.

Kohlfliege

Die Maden der Blumenfliege Delia brassicae, der kleinen Kohlfliege, zerfressen Wurzeln und Stängelhals von Kohlgewächsen.

Kohlgewächse wegen der Kohlfliege nicht während der weißen Blüte der Rosskastanie Ende Juni setzen. Wurzelhals mit Lehm anstreichen.

Die Kohlfamilie auf dem Hochbeet.

Kohl anbauen

Alle Kohlarten sollte man laufend pflanzen, damit man fortwährend ernten kann. Vergessen Sie auf den Brokkoli nicht, denn er ist das gesündeste Gemüse. Frischer Kohlrabi wird, besonders von Kindern, auch roh gern gegessen.

Fruchtwechsel

Auf den Fruchtwechsel ist besonders bei den Kohlgewächsen zu achten. Ansonsten sind Kohlhernie und Kohlgallenrüssler vorprogrammiert.

Kohlgallenrüssler

Ceutorhynchus pleurostigma. Die unscheinbaren Rüsselkäfer legen ihre Eier an die Hauptwurzel. Das Wurzelgewebe wuchert, in diesen Gallen leben die Maden.

Alle Kohlarten tief pflanzen und anhäufeln, dadurch werden die Pflanzen besser vor der Kohlfliege geschützt.

Kohlarten sind Starkzehrer und benötigen nährstoffreichen Boden. Daher sollte neben dem Kompost, wenn die Pflanzen stärker zu wachsen beginnen, auch organischer Volldünger aufgebracht werden.

Kohleule

Mamestra brassicae. Die Raupen fressen sich in die Kohlköpfe.

Großer Kohlweißling

Die Raupen von Pieris brassicae, legen die Eier an der Unterseite der Blätter ab. Dort fressen die Raupen ganze Blätter ab.

Kleiner Kohlweißling

Pieris rapae, legt meist nur ein Ei. Die Made frisst erst an den äußeren Blättern, bohrt sich dann in den Kohlkopf und verschmutzt ihn mit ihren Exkrementen.

Abklauben, Mischkultur mit Sellerie und Tomaten, Lauch und Zwiebeln. Spritzen mit Wermuttee oder Kaltwasserauszug von Tomatenblättern (Eine Handvoll pro Liter zwei Stunden ziehen lassen). Farnblätter zwischen Kohlpflanzen verteilen. Bakterienpräparat Bacillus thuringiensis.

Kohl wird neben Tomaten und Sellerie vor dem Kohlweißling geschützt.

Aber nicht zu 100 %. Rechts steht Sellerie, trotzdem sieht man links eine Raupe des Kohlweißlings.

Gab es im Vorjahr eine dieser Krankheiten, darf mindestens drei Jahre kein Kohlgewächs auf dieselbe Stelle kommen.

Kohlhernie zerstört die Wurzeln

Es ist der größte Schädling bei den Kohlgewächsen. Der gefürchtete bodenbürtige Schleimpilz tritt meist ab Juni- Juli auf, wenn die Bodentemperaturen über 16 Grad C liegen. Das schlimmste ist, dass dieser Pilz nicht direkt bekämpft werden kann und außerdem mehrere Jahre im Boden überdauert. Weitgestellte Fruchtfolge bei Kreuzblütlern ist wichtig. Häufigen Einsatz von Kalkstickstoff mögen die keimenden Schwärmsporen nicht.

Kohlhernie und Krautfäule: 14 Tage vor der Bepflanzung Kalkstickstoff streuen.

Erdflöhe

Die bis zu 4 mm langen Psylliodes fressen Löcher in die Blätter von Rettich und Kohlgewächse.

Kohlpflanzen leiden auf trockenen, verkrusteten Böden unter Erdflöhen. Hacken, gießen und mulchen erschwert den Käferchen das Leben. Wenn mulchen und Boden feucht halten, sowie Mischkultur mit Salat und Spinat nicht hilft, spritzt man 2 x wöchentlich eine bittere Brühe aus Wermut und Rainfarn.

Kohlrabi

Bei frühem Pflanzen Wetterlage so wählen, dass in den ersten fünf Tagen nach dem Setzen kein Frost eintritt. Diese Gemüsearten vertragen zwar leichten Frost, sind aber empfindlich, wenn sie nach dem Auspflanzen noch keine neuen Wurzeln gebildet haben. Häufig kommt es zu Kümmerwuchs oder Auswachsen.

Kohlrabi springt auf, wenn er einmal zu trocken war und anschließend wieder genug Wasser bekommt. Durch die Trockenperiode schließt das Wachstum ab und die Außenhaut verhärtet. Durch neuerliche Wassergaben will er jedoch wieder weiterwachsen und dadurch springt die verhärtete Haut auf. Er beginnt an dieser Stelle zu faulen.

Kohlrabi „Superschmelz" Mitte Mai 60 x 60 pflanzen. Wird 3 bis 12 kg schwer.

Brokkoli und Karfiol

Für jene, die sich noch nicht für Brokkoli entscheiden können, möchte ich auf den gesundheitlichen Wert von Brokkoli hinweisen. Und wer ihn nicht gerne isst, sollte ihn öfter probieren, denn man gewöhnt sich sehr rasch an den Geschmack, sofern man nicht schon vorher sehr negativ eingestellt ist.

Broccoli, Brassica oleracea silvestris, ist aromatischer als Karfiol, bringt höhere Erträge und enthält mehr Vitamine. Cime di Rapa, B. rapa, hat zierlichere Blüten. Blätter und Stiele werden auch gegessen.

Nachdem die erste Rose abgeschnitten ist, wachsen noch weitere aus den Blattachseln und es kann ein zweites Mal geerntet werden.

Im Frühsommer geht Brokkoli bei Hitze schneller in die Blüte. Besser erst im Juni säen. Rechtzeitig vor dem Aufblühen ernten.

Karfiol, Brassica oleracea botrytis, mit den äußeren Blättern abdecken, damit weiße Rosen entstehen.

Romanesco. Die violetten und grünen Zuchtformen sind in Italien und Frankreich sehr beliebt. Sie haben auch mehr Vitamin C.

Weißkraut, Rotkraut, Wirsingkohl

Beim Frühkraut kommt es durch Überreife leicht zum Aufspringen der Köpfe. Also rechtzeitig ernten.

Weißkraut. Brassica oleracea capitata alba. Rotkraut. B.o.c. rubra.

Grünkohl, Blattkohl

Der schnellwüchsige Blattkohl wird nach dem ersten Frost geerntet. Butterkohl hat sehr zarte Blätter und Bremer Scherkohl kann schon nach 6 Wochen geschnitten werden.

Braunkohl, Krauskohl, Palmkohl, Federkohl, B.o.acephala var. sabellica.

Vom **Meerkohl**, Crambe maritima, und **Tatarenkohl**, C. tatarica, werden Blätter, Blattstiele und Wurzel verwendet.

Sprossenkohl

Sprossenkohl, Brassica oleracea gemmifera, hat im Juni letzten Pflanztermin. Setzweite 70 x 50 cm.

Wenn bis Mitte September keine Röschen angesetzt sind, Mitteltrieb an der Spitze ausbrechen. Es geht jedoch die Frosthärte verloren.

Beim Sprossenkohl dürfen keinesfalls die großen Blätter entfernt werden, da er mit ihrer Hilfe die Röschen schützt.

Chinakohl, Pak Choi

Durch den wesentlich höheren Ertrag und die bessere Lagerfähigkeit wird Chinakohl den Endivien immer mehr vorgezogen.

Chinakohl, Brassica rapa pekinensis, und Pak Choi sind Kurztagspflanzen.

Wegen meist starken Befalls vom Erdfloh ist die Anzucht in Joghurtbechern mit Löchern günstig. Wegen der Pfahlwurzel sind Anzuchtschalen nicht zu verwenden.

Aussaat ab Mitte Mai bis in die ersten Augusttage. Bei Aussaat an Ort und Stelle 50 cm Reihenabstand, später auf 40 cm verziehen.

Pak Choi, Brassica rapa chinensis.

Fruchtgemüse

Das Innere dieser Tomate ähnelt einer Erdbeere.

Lemon Drops Gurke.

Netzgurken mit brauner und oranger Schale haben einen intensiveren Geschmack als die grünen.

Gurken, Cucumis sativus.

Die wärmeliebenden Gurken sollten vorgezogen werden.

Dazu verwenden Sie etwas größere Töpfe und legen drei Samen hinein. Nur die größte oder die zwei größten Pflanzen aussetzen. Bei zwei Pflanzen, brauchen diese natürlich zu den anderen Pflanzen einen größeren Abstand.

Gurken und Kürbis können auch auf die Kompostmiete oder den Komposter gepflanzt werden, wenn die Verrottung entsprechend fortgeschritten ist.

Gurken kommen bis zu den Keimblättern in den Boden.

Ob Äpfel des Paradieses, saftige Melonen, süße Erbsen oder scharfe Chilis, die Früchte des Gartens sind ein Genuss.

Fruchtgemüse, außer Hülsenfrüchte, sind Starkzehrer und benötigen daher einen organischen Dünger nach Angaben des Herstellers. Nur dadurch kann eine hohe Ernte erreicht werden.

Kürbisfamilie

Gurken

Neben weißen, gelben, grünen und sogar leuchtend orangen Sorten gibt es längliche, runde, ovale und birnenförmige Gurken.

Gurken vertragen volle Sonne und brauchen nicht schattiert zu werden. Gurken sind sehr empfindlich gegen stauende Nässe und reagieren darauf mit Welkeerscheinungen. Sie brauchen jedoch laufend genug Wasser. Wird einmal zu wenig gegossen, werden die Früchte bitter.

Besonderes Augenmerk ist bei der Pflanzung auf die Pflanztiefe zu richten.

Bei Gurken nach jedem dritten bis fünften Blatt den Zweig abschneiden, dadurch erfolgt eine Verzweigung, in der vorwiegend weibliche Blüten hervorkommen. Die Seitentriebe werden über die ganze Fläche verteilt.

Zur Bewässerung einen Tontopf neben den Pflanzen halb eingraben. Wenn man ihn füllt, sickert das Wasser langsam zu den Wurzeln und ist auch nie zu kalt.

Freilandgurken können den ganzen Juni für spätere Ernten gelegt werden, je nach Sorte mit einem Abstand von 100 x 30 - 50 cm.

Gurke nicht zu groß werden lassen, sondern je nach Sorte, zeitgerecht ernten.

Sind zu viele Gurken auf einmal reif, können Senfgurken eingelegt werden.

Gurken im Frühbeet oder Gewächshaus

Für das Glashaus nur Gurken mit vorwiegend weiblichen Blüten pflanzen (Elida F1-Mix, Stimora).

Gurken im Mistbeet nie abdecken und lüften, auch im Glashaus erst ab 25 Grad C. Die Fenster sollten immer am Frühbeet belassen werden, doch entsprechend lüften, wenn dies nicht automatisch geschieht. Bei normalen Temperaturen bleiben die Fenster auch bei Nacht offen. Doch wenn die sogenannte Schafskälte eintritt, die schier jeden Juni kommt, sind sie zu schließen.

Zucchini

Zucchinifrüchte sollten nicht zu groß werden. Sie haben die beste Qualität bei 15 bis 20 cm.

Cucurbita pepo pepo. Es gibt grüne, gelbe und gestreifte Sorten und solche die aussehen wie ein Ufo.

Auch die Blüten lassen sich in der Küche verwenden.

Bestäubung

Man sollte mindestens zwei Pflanzen setzen. In nassen Sommern werden die weiblichen Blüten unzureichend befruchtet. Pflücken Sie eine männliche Blüte und streichen Sie mit den Staubfäden über die Narben der weiblichen Blüten.

Alles Beeren, manche riesig. Kürbisse, Gurken und Melonen.

Bohnen und Erbsen nach der Ernte nicht ausreißen, sondern abschneiden, damit die Knöllchenbakterien im Boden bleiben und der Stickstoff für die nächsten Gemüsepflanzen zur Verfügung steht.

Die Blüte der Wildform der heutigen Acker- und Gartenerbsen, Pisum sativum elatius.

Rote Spargelerbse, Tetragonolobus purpureus.

Kapuzinererbsen, P. sativum speciosum, hat blaue Schoten.

Linsen, Lens culinaris, wurden früher auch bei uns angebaut.

Kürbis

Besonders gut schmecken Hokkaido und Butternuss.

Gartenkürbis Cucurbita pepo, Riesenkürbis C. maxima, Moschuskürbis C. moschata, Feigenblattkürbis C. ficifolia und C. argyrosperma.

Melonen

Die Zuckermelonen, Cucumis melo, sind näher mit den Gurken verwandt als die Wassermelone, Citrullus lanatus.

Hülsenfrüchte

Erbsen

Kinder mögen Erbsen direkt vom Beet. Probieren Sie doch einmal eine der alten Sorten oder eine blauschalige.

Pal- oder Schalerbsen, Pisum sativum sativum, haben glattschalige Samenkörner. Wenn die Körner zu groß sind, werden sie mehlig.

Markerbsen, Pisum sativum medullare, haben in reifem Zustand ein geschrumpftes Korn. Enthalten 6 – 9 % Saccharose.

Zuckererbsen, Pisum sativum axiphium. Die ganzen fleischigen Hülsen mit den unentwickelten Körnern werden gesammelt.

Spargelerbsen. Die tiefroten Schmetterlingsblüten alleine sind den Anbau wert, aber auch die jungen, vierkantigen, geflügelten Schoten.

Speiseplatterbsen, Lathyrus sativus, sind eine alte Kulturart.

Erbsenwicke, Vicia pisiformis, eine der wenigen ausdauernden Hülsenfrüchte.

Bohnen

Die traditionelle europäische Ackerbohne, Vicia faba, auch Saubohne oder Pferdebohne genannt, wird zu den Wicken gezählt.

Die bedeutendste Bohne ist wohl die Sojabohne, Glycine maxima. In Asien oder Afrika kommen viele Bohnenarten vor wie Mungbohnen, Reisbohnen und Goabohnen.

Die Feuerbohnen, Phaseolus coccineus, und unsere Gartenbohnen kommen aus der Neuen Welt. Feuerbohnen bringen herrliche Salatbohnen für den Winter und blühen sehr schön rot. Man kann sie auch als Zierde vor Komposter pflanzen.

Gartenbohnen, Phaseolus vulgaris, enthalten giftiges Phasin, das erst durch Kochen zerstört wird.

Buschbohnen am Hochbeet.

Der Boden sollte kalkhaltig und mittelschwer sein. Humose Lehmböden sind ideal. Saure Böden werden nicht vertragen. Die Erde sollte sich auf 8 bis 10 Grad C erwärmt haben.

Besonders in Italien sieht man diese Sorte oft.

Bohnen vorziehen

Wer Buschbohnen Ende April in Joghurtbechern mit Löchern sät, kann die Ernte wesentlich vorverlegen. Ich gebe immer drei Samen in einen Becher. Alle drei Pflanzen werden nach den Eismännern ins Freie gesetzt.

Aussaat im Freien

Buschbohnen in Reihensaat mit einem Abstand von 40 bis 50 cm oder horstweise (4 bis 5 Korn pro Horst) 2 cm tief säen. Nach dem Aufgehen sollten auch die Bohnen angehäufelt werden. Eine Vliesabdeckung fördert die Keimung. Bohnen keimen schneller, wenn diese über Nacht in Wasser gelegt werden.

Später Anbau

Buschbohnen sind noch bis „Anna" am 26. Juli zu säen. Doch nach der Monatsmitte im Juli gesät, gibt es bei schlechter, kalter Witterung manchmal Probleme, so dass die Ernte dann oft unbefriedigend ausfällt. Also, wenn möglich, etwas früher säen.

Fisolen vorsichtig pflücken

damit nicht junge Hülsen abgerissen werden. Beim Ernten lässt sich nicht verhindern, dass die Bohnenpflanzen leichte Beschädigungen erhalten. Bei trockenem Wetter hat das keine Auswirkung. Bei nassem Wetter sind die Wunden schnell vom Grauschimmelpilz befallen, der starke Ausfälle verursacht.

Bei Stangenbohnen vorher die Stangen setzen. Sie sollten so verbunden werden, dass sie kein Wind umlegt. Pro Stange 4 bis 6 Korn.

Rattenschwänze zum Naschen.

Geerntet wird, wenn die Bohnenhülsen beim scharfen Knicken glatt durchbrechen und die Bruchstelle saftig grün, bzw. bei Wachsbohnen gelb gefärbt ist. Zu früh geerntet, sind die Bohnen noch weich und brechen schwer. Die Bohnensamen dürfen nur Linsengröße haben und nicht hart sein. Regennasse Bohnen sollen nur zum sofortigen Verzehr geerntet werden, weil sie sich in diesem Zustand nicht gut halten.

Noch mehr Bohnen

Spargelbohne, Spaghettibohne, Vigna unguiculata, hat 90 cm lange Hülsen und ist für wärmere Regionen geeignet.

Mondbohne, Phaseolus lunatus lunatus ist weniger wärmebedürftig als die

Limabohne, Ph. l. macroca, deren 10 cm langen, gesichelten Schoten nach Maroni schmecken.

Die **Helm-, oder Hyazinthbohne**, ist purpurrot und braucht sonnigen Standort.

Rattenschwanzradieschen, Raphanus caudatus, die unreifen Samenkapseln kann man den ganzen Sommer ernten.

Weitere Fruchtgemüse

Tomaten

Groß in Mode sind ungewöhnliche Tomatensorten. Der unvergleichliche Geschmack gibt allen recht, die Balkon, Garten und Gewächshaus mit diesen Paradiesäpfeln bepflanzen.

Rot ist gesund

Lycopin aus der Familie der Carotinoide, ist das Pigment, das für die rote Farbe der Tomate verantwortlich ist. Es wird mit niedrigeren Prostatakrebsraten in Ländern mit hohem Tomatenkonsum wie Italien, Spanien und Mexiko in Zusammenhang gebracht. Lycopin ist in gekochter Tomatensauce mit Olivenöl für den Körper leicht verwertbar.

Das Farbenspiel der Paradeiser umfasst nicht nur Rot. Rosa, violett, grün, braun und schwarz können sie sein, aber auch weiß, gelb und orange. Neben den einfärbigen gibt es auch zweifärbig getigerte oder gefleckte.

Solanum lycopersicum. Man unterscheidet normale runde Tomaten, Fleischtomaten, herzförmige und eierförmige Cocktail- oder Sherrytomaten, birnenförmige Kirschtomaten, längliche wie die San Marzano und aus Einzelteilen bestehende, wie die Reisetomate.

Im Freien wäre ein Regenschutz sehr sinnvoll. Ein Glashaus ist ein Paradies für Paradeiser, wodurch die Ernte wesentlich früher und höher ist.

Eine Überdachung schützt Freilandtomaten vor der Krautfäule, die sich besonders bei Feuchtigkeit ausbreitet.

Die vorgezogenen Tomaten werden im Abstand von 50 x 50 cm sehr tief gepflanzt.

Tomaten im Gewächshaus

Im Gewächshaus ist bei den Tomaten auf gute Bestäubung zu achten.

Monika Stockenhuber aus Lambrechten präsentiert viele ungewöhnliche Tomatensorten.

Mit Brennessseln mulchen und die unteren Blätter entfernen, um Wasserspritzer auf die Blätter zu vermeiden, denn dadurch entsteht die Krautfäule, eine Pilzkrankheit.

Tomaten schütteln

Damit Pollen auf die Narbe fällt, ist für eine reiche Luftbewegung zu sorgen. Bei geringer Luftzirkulation und hoher Luftfeuchtigkeit sind die Pflanzen zu schütteln. Das Schütteln sollte zwei- bis dreimal in der Woche erfolgen, am besten bei sonnigem Wetter zwischen zehn und vierzehn Uhr. In dieser Zeit stäuben die Blüten besonders gut.

Entgeizen
nennt man das Ausbrechen der jungen Triebe aus den Blattachseln.

Entblättern ist falsch
Die Blätter werden zur Assimilation benötigt. Die Tomaten reifen nicht richtig aus. Am Stielansatz gibt es gelbliche oder dunkelgrüne Flecken und Zonen mit verhärtetem Fruchtfleisch.

Tomate mit weißen Blüten.

Unter Dach fühlen sich Tomaten wohl.

Tomaten, ausgenommen Cocktail- und Buschtomaten werden eintriebig gezogen. Die Geiztriebe werden entfernt.

Tomaten düngen

Gedüngt wird zweckmäßigerweise ein Mal pro Woche, am besten in flüssiger Form mit einem organischen Volldünger. Die Angaben des Herstellers sind zu beachten, damit die Wurzeln nicht geschädigt werden. Niemals auf trockene Erde düngen.

Braunfäule

Leider gab es in den letzten Jahren Probleme mit der Braunfäule. Wo sie aufgetreten ist, dürfen die nächsten Jahre auf das gleiche Beet keine Tomaten gepflanzt werden. Dann pflanzt man sie in Kübel und stellt sie auf Balkon oder Terrasse.

Tomaten gießen
Da hohe Luftfeuchtigkeit zu Pilzkrankheiten führt, sollte nicht zu oft, jedoch durchdringend gegossen werden. Tomaten platzen, wenn sie Wassermangel hatten und dann zuviel Wasser bekommen.

Kraut- und Braunfäule

Der Pilz Phytophthora infestans tritt besonders an Freilandtomaten auf. An den Früchten zeigen sich an der Oberseite schmutzig-braun gefärbte Flecken. Blätter, Fruchtstiele und Stängel färben sich braun und sterben nach kurzer Zeit ab. Oft sind die Pflanzen total befallen und die Ernte ist vorbei.

Weiße Fliegen

bereiten im Gewächshaus große Probleme.

Gegen diesen Schädling sollte man rechtzeitig Gelbtafeln aufhängen.

Blütenendfäule
Früchte zeigen schwarze Faulstellen. Kalziummangel ist die Ursache. Auch durch Wassermangel wird der Nährstoff in der Pflanze nicht transportiert.

Tomatenstäbe sollen wegen der Pilzkrankheiten sorgfältig gereinigt werden.

Paprika

Die grünen, unreifen Gemüsepaprika sind vor allem deshalb auf dem Markt, weil dadurch viel mehr Früchte von einer Staude geerntet werden können. Für gefüllte Paprika sind sie zwar notwendig, man sollte aber vor allem die geschmackliche Vielfalt ausgereifter, bunter Paprikaschoten genießen.

Diese Steine im Hochbeet von Helmut Stundner wirken wie eine Fußbodenheizung. Die ist auch notwendig, denn Paprika können gar nicht genug Wärme bekommen.

Mosaikviruskrankheiten

machen sich durch mosaikförmige Flecken auf den Blättern bemerkbar und führen zum Absterben der Pflanze.

Zur Gattung Capsicum gehören beide, Paprika und Chili.

Chilis

Wer Scharfes liebt, sollte an Chilis denken, denn die frischen Chilischoten schmecken am besten. Nach und nach reifen die Chilis und die grünen Früchte färben sich rot, gelb, orange und violett. Beim Trocknen geht ein Teil ihres Aromas verloren, doch die Schärfe bleibt.

Schärfegrad

Die Schärfe wird in Scoville-Einheiten gemessen, von 0 = keine Schärfe bis 16 Mio. = reines Capsaicin. Eine recht gebräuchliche Skala gibt die Werte von 0 bis 10 an. Für besonders scharfe Sorten wie Habanera oder Naga Jolokia gibt es dann entsprechend viele +.

Die Schärfe einer Chilischote hängt von ihrem Gehalt an Capsaicin ab, einem Alkaloid, das nach nichts schmeckt, aber Hitze- und Schmerzreize auslöst. Ein Biss genügt und schon brennt der Mund wie Feuer. Dass sich der Körper mit Entzündungshemmern wehrt, dürfte der Grund sein, dass in Ländern, in denen scharf gegessen wird, viel weniger Magengeschwüre bekannt sind.

Gegen unerträgliches Brennen im Mund helfen öl- oder fetthaltige Emulsionen wie Joghurt, Milch und Käse, eine Zuckerlösung oder Tomatensaft. Wasser lindert die Schmerzen nicht. Bei Hautreizungen hilft etwas Speiseöl.

Die Eierfrucht, solanum melongena.

Aubergine, Melanzani

Die wärmeliebende Pflanze ist noch anspruchsvoller als Paprika. Hohe Temperaturen sind Voraussetzung für einen Fruchtansatz.

Abelmoschus esculentus. Die 10 bis 20 cm langen Schoten des bis zu 2 ½ m hohen Strauchs sind Schalenfrüchte. Das kalorienarme Gemüse erinnert an grüne Bohnen.

Okra

Die Ladyfingers stammen aus Äthiopien, sind eine der ältesten Gemüsepflanzen, die schon vor 3000 Jahren am Nil kultiviert wurden. Als Malvengewächs hat der Gemüse-Eibisch wunderschöne Blüten.

Die wärmebedürftigen Pflanzen wachsen am besten im Gewächshaus und werden wie Paprika behandelt.

Gemüsefenchel, Foeniculum vulgare azoricum.

Fenchel

Nicht ganz einfach ist die Kultur von Knollenfenchel. Schoßfeste Sorten bei 20 Grad ab Mai aussäen. Mischkultur mit Salat. Ein wenig Kompost oder organischer Dünger. Man kann zuerst kleinere Knollen ernten und die großen vor dem Frost.

Cynara cardunculus. Appetitanregend, verdauungsfördernd und cholesterinsenkend.

Artischocke

Appetitanregend wirkt die Königin der Gemüse, deren geschlossene Blütenköpfe verwendet werden. Cynarin regt Stoffwechsel, Leber und Galle an, auch als leicht bitterer italienischer Likör Cynar.

Im Spätherbst werden die inneren zarten Blätter gebleicht.

Kardone, Karde

Das über 1 m hohe, stachelige Distelgewächs wird in der französischen Küche verwendet.

Spargel

Grünspargel hat mehr Vitamine als Bleichspargel. In lockerem Boden reichen die Wurzeln bis zu fünf Meter tief.

Asparagus officinalis. Asparagin und hoher Kalium-Gehalt machen ihn harntreibend.

Waldgeißbart, Wildspargel, Aruncus dioicus, die Sprosse können wie Spargel gegessen werden.

Auch auf normalem, lockerem Boden und ohne Anhäufeln kann man Spargel ziehen und jahrzehntelang ernten.

Zuckermais

Zea mays, ein Bantammais.

Rhabarber

Rhabarber, Rheum rhabarbarum, ist kalorienarm, enthält viel Folsäure und ist reich an Mineralstoffen. Er wirkt blutreinigend und abführend, daher ist er gut für eine Entschlakkung.

Im Frühling einen Kübel über die Knospen gestellt, verfrüht die Ernte.

Im September ist Pflanzzeit für Rhabarber. Wird zu dieser Zeit gepflanzt, so haben wir im Frühjahr bereits kräftige Pflanzen im Garten und können dann eine erste Ernte im ersten Standjahr erwarten. Größere Pflanzen werden geteilt und neu gepflanzt, denn wenn sie zu alt werden, gehen sie ohne Teilung ein.

Die Rhabarberernte wie auch die Spargelernte ist um den „Johannistag", den 24. Juni, zu beenden. Bei Rhabarber steigt ab diesem Zeitpunkt der Oxalsäuregehalt ganz rapide an.

Von sauer bis mild

Beim Rhabarber unterscheidet man auf Grund der Stiele drei Sorten. Grünfleischige, dicke Stiele mit grüner Haut und dem sauersten Geschmack. Grünfleischige Stiele mit roter Haut sind etwas weniger sauer. Rotfleischige Stiele mit roter Haut haben das mildeste Aroma.

Oxalsäure fördert die Bildung der sehr schmerzhaften Nieren- Gallen- und Blasensteine.

Eindrucksvoll sind die Rhabarberblüten. Sie sind eine Zierde für jeden Garten.

Für Süßspeisen werden schon lange Veilchen, Rosenblüten oder auch Fliederblüten kandiert.

Die Blüten der Kapuzinerkresse kann man zu verschiedenen Salaten verwenden.

Die Stängel des Rhabarbers dürfen nicht geschnitten werden. Vorsichtig hin- und herdrehen und mit einem Ruck aus ihrer Ansatzstelle ziehen.

Diese Gemüse brauchen eine kräftige Düngung, um gestärkt in den Winter zu gehen, damit sie zeitgerecht im Frühjahr kräftig austreiben. Und der Rhabarber braucht die großen Blätter unbedingt zur Assimilation.

Die Blütenstände bei Rhabarber sofort entfernen, sobald sie sichtbar werden. Ansonsten vergeuden sie Kräfte, die sie zur Bildung der vielen Stängel brauchen.

Blüten

Schon seit Jahren ist es immer beliebter geworden, Blüten auch in der Küche zu verwenden. Blüten vom Hollerstrauch werden in einen Teig getaucht und sind seit alters her als Hollerstrauben gut bekannt.

Viele kennen auch gebackene Zucchiniblüten oder auch Gänseblümchen und Borretschblüten im grünen Salat. Die Blüten des Basilikums passen hervorragend zu einem Tomaten- oder Gurkensalat.

Kapuzinerkresse

Eine beliebte Sommerblume für die Küche ist die Kapuzinerkresse. Sie war schon zu Großmutters Zeiten als Gemüse und Würzkraut begehrt, denn alle Pflanzenteile sind essbar und schmecken pikant.

5. Kräuter - die Würze des Lebens

Kapuzinerkresse und Borretsch am Zaun von Alois.

Kräuter sehen schön aus, duften, ziehen Schmetterlinge an und helfen, uns und unseren Garten gesund zu erhalten.

Ziemlich eintönig wäre unser Essen ohne Kräuter und Gewürze. Vielen Gerichten geben sie erst den typischen Geschmack.

Manche Kräuter haben eine interessante Geschichte, andere kommen ganz neu auf den Markt, vor allem aus Asien.

Wir beschreiben hier nur die wichtigsten Küchenkräuter, einige Heilkräuter und ein paar Wildkräuter. Es soll eine Anregung sein, einmal etwas Neues auszuprobieren.

Vieles begann im Kloster

Mit ihren weitverzweigten Verbindungen in ganz Europa sorgten die Klöster für die Verbreitung und Kultivierung vieler Nutzpflanzen.

Kräutergarten im Stift Schlierbach.

Das Kloster als Ort des Wissens um die Heilkunde verbinden viele mit einem Namen: Hildegard von Bingen.

Hildegard von Bingen ca.1098-1179.

Heute sind uns viele Wirkstoffe von Arzneipflanzen bekannt, wenn auch längst nicht alle. Doch vor Jahrhunderten gab es nur Erfahrung und Versuch und Irrtum. Kein Wunder, dass die Kräuterheilkundigen immer in Gefahr waren, als Hexe verbrannt zu werden.

Der große Kräutergarten der Arche Noah in Schiltern, NÖ. Die Arche Noah hat sich die Erhaltung alter Sorten zur Aufgabe gemacht.

Der Bauerngarten beim Hanslbauer in Frankenburg am Hausruck.

Ein paar Kräuter fanden Eingang in den Bauerngarten, den man vielerorts Wurzgarten nennt.

Kein Garten ohne Kräuter

Ein Garten ohne Kräuter ist wie Suppe ohne Salz. Oder wie Suppe ohne Schnittlauch.

Ein paar Kräuter haben überall Platz. In einem Blumenkisterl, auf dem Balkon, der Terrasse und im Gemüsegarten. Ein Topf mit Schnittlauch auf der Fensterbank kann der Beginn eines kleinen Gartens und einer großen Gartenleidenschaft werden.

Wilde Schönheit auch im Garten, der Odermenning.

Kräuter – gesund und schön

Die Kräuter unterstützen unsere Verdauung, wertvolle Inhaltsstoffe würzen unsere Speisen und helfen, Salz zu sparen. Sie erfreuen uns mit ihrem Duft und ihrer dekorativen Ausstrahlung.

Kräuter wie Lavendel, Salbei, Minze, Zitronenmelisse, Rosmarin und Basilikum haben mich immer schon mit ihren charakteristischen Düften und einzigartigen Blüten bezaubert.

Mein Name ist Christa Pucher, ich freue mich, etwas von meiner Kräuterbegeisterung an Sie weiterzugeben, vielleicht auch einmal bei einer Kräuterwanderung.

Wildkräuter haben mehr Vitamine

Unsere Vorfahren haben sich Jahrhunderte lang ausschließlich von Wildkräutern ernährt und damit gesund erhalten. Die Zuchtformen haben diese aus unseren Gärten und Gedanken vertrieben.

Doch Wildkräuter liefern uns vielfach mehr Vitamine und Spurenelemente als der viel geliebte Kopfsalat.

Wildkräuter haben einen wesentlich höheren Gehalt an Vitaminen, Eiweiß und Mineralstoffen als herkömmliches Gemüse. Jahrhunderte lang waren sie essentieller Bestandteil der Ernährung unserer Vorfahren.

100 g Kopfsalat enthalten	13 mg Vitamin C.
100 g Vogelmiere enthalten	115 mg Vitamin C.
100 g Gänsefingerkraut enthalten	402 mg Vitamin C.
100 g Brennnesseln enthalten	333 mg Vitamin C.

100 g Kopfsalat:	224 mg Kalium,	33 mg Phosphor,	11 mg Magnesium,	37 mg Kalzium,	1,1 mg Eisen.
100 g Vogelmiere:	680 mg Kalium,	54 mg Phosphor,	39 mg Magnesium,	80 mg Kalzium,	8,4 mg Eisen.

Haben Sie die Werte verglichen? Das ist ja schon sehr erstaunlich. Vogelmiere und Kopfsalat, zwei unzertrennliche Nachbarn auf unseren Gemüsebeeten, und dann essen wir den Kopfsalat und die Vogelmiere wird als lästiges Unkraut beschimpft, gewissenhaft ausgerissen und es landet auf dem Komposthaufen.

Salat mit Unkraut. Was hat mehr Vitamine? Die Beikräuter schützen den Boden vor Austrocknung.

‚Unkraut' jäten oder essen?

Auch ich habe 20 Jahre lang meinen Garten sorgfältig und in gebückter Haltung nach ‚Unkraut' abgesucht, es ausgerissen und den Hasen verfüttert.

Fast alles davon könnte man essen. Einiges sollte man einmal probieren.

Bei einer Kräuterwanderung werden die wichtigsten heimischen Wildkräuter gesucht, ausführlich erklärt und anschließend zu Kräutersuppe, Aufstrich und Salat verarbeitet und gemeinsam verspeist.

Experimentierfreudige Runde im Siedlerhaus Attnang.

Gute Bienenweiden sind unsere Kräuter im Garten, wenn wir sie blühen lassen. Setzen sie mehr davon verteilt im Garten an und lassen sie diese blühen, ernten sie nur was sie für den Vorrat brauchen.

Biene und Heuschreck suchen Nektar auf Sedum.

Ich war dann immer sehr zufrieden mit mir. Bis ein paar Wochen später die ganze Pracht wieder da war: Brennnesseln, Giersch, Gundermann, Löwenzahn, Spitzwegerich und Vogelmiere.

Natürlich wusste ich, dass ich Brennnesseln und Löwenzahn essen kann und habe auch das eine oder andere Gänseblümchen probiert. Aber ich blieb dabei, diese Unkräuter lieber auszureißen. Die Unsicherheit war einfach zu groß.

Eine Kräuterwanderung in der näheren Umgebung brachte mich auf eine neue Spur und dieser Weg ist so spannend und erfahrungsreich, dass ich ab diesem Zeitpunkt meine Unkräuter im Garten mit anderen Augen betrachte.

Seither nenne ich sie ‚Wildkräuter' und sie sind zu meinem Lieblingsthema geworden.

Wildkräuter sollte man nur dann sammeln und essen, wenn man sie ganz sicher bestimmen kann.

Die Kräuter als Bienenweide und Futterpflanzen für die Insekten

Heimische Pflanzen sind die Lebensgrundlage der heimischen Fauna. Jede Pflanze wird von einem oder mehreren Tieren als Nahrungsquelle genutzt. Jeder Schädling hat natürliche Gegenspieler. Diese Nützlinge gilt es zu fördern, dann halten sich Blattlausplagen und Kahlfraßschäden durch Raupen in Grenzen.

Ein Ziegelunterschlupf für nützliche Gartenhelfer.

Tierische Begegnungen

Immer wieder stöbere ich bei meiner Gartenarbeit das eine oder andere Blindschleicherl auf. Zaunechsen, nur 3 cm groß, sitzen des Nachts auf der Gartenmauer.

In den feuchteren und schattigeren Ecken des Gartens hat eine Kröte Quartier bezogen. Den Igel treffe ich das eine oder andere Mal bei meinen und seinen Rundgängen.

Ich denke und hoffe sehr, dass mir diese Tierchen bei meinen nächtlichen Schneckenjagden helfen.

Ein Hotel für Insekten

Nisthilfen für Wildbienen sollten in einem Garten nicht fehlen. Es gibt die verschiedensten Insektenhotels, von ganz nobel bis einfach nur praktisch.

Ein Paradies für Insekten im Botanischen Garten Linz.

Gestalten sie Ihren Garten möglichst vielfältig und schaffen sie durch Fruchtgehölze, Wildblumen und Blütenhecken Lebensraum für die unterschiedlichsten Helfer. Legen sie einen Laubhaufen, einen Steinhaufen, einige alte Dachziegel als Unterschlupf für Blindschleichen, Zaunechsen und Frösche an.

Der Grasfrosch Rana temporaria. Seine Kaulquappen fressen die Gelsenlarven im Teich.

Der Feuersalamander sonnt sich.

Marienkäfer, Florfliegen, Schwebfliegen, Bienen, Hummeln und Wildbienen brauchen duftende Blütenpflanzen, und wir brauchen sie weil sie unsere Obstbäume und Pflanzen bestäuben. Die Larven dieser Insekten verzehren unglaubliche Mengen an Blattläusen und anderen Schädlingen.

Nützlinge brauchen Nahrung

Vernichten Sie nicht gleich jede Laus. Die Nützlinge verhungern sonst und bleiben weg.

Für Schmetterlinge ist wichtig, dass sie in unseren Gärten Brennnesseln finden. Lassen Sie in einer Gartenecke oder unter Apfelbäumen Brennnesseln wachsen. Oregano und Borretsch ziehen Schmetterlinge, Bienen, Hummeln und andere Insekten an.

Wildbienen brauchen verschieden große Röhren zur Eiablage. Bohrlöcher mögen sie auch.

Ganz einfach und wirkungsvoll. Eine Nisthilfe aus Bambusrohren.

Schmetterlinge lieben Brennnesseln

Ca. 50 Falterarten, z.B. Tagpfauenauge, Kleiner Fuchs und Admiral sind auf Brennnesseln angewiesen. Ihre Raupen entwickeln sich nur an ihren Blättern.

Dill dient den Raupen des Schwalbenschwanzes als Futterpflanze, Kerbel den Tagfaltern, Schwebfliegen und Käfern.

Keine Angst vor diesen Raupen. Daraus werden wunderschöne Tagpfauenaugen.

Wildbienen fliegen auf Kräuter

Die heimische Wiesenschafgarbe wird von 28 Wildbienenarten genutzt, die Gartenform Gold-Schafgarbe nur von 3.

Der Hornklee wird von 57, die Wiesenflockenblume von 39, Natternkopf und Wegwarte von 37, Wiesensalbei von 24 Wildbienenarten angeflogen.

Verzichten Sie daher schon von diesem Aspekt her auf allzu viele exotische Pflanzen und Zuchtformen und besinnen Sie sich wieder mehr auf unsere heimischen Pflanzen, die wir gleichzeitig auch als Heilpflanzen kennen.

Die Kräuterspirale im Siedlergarten bei der oö. Landesgartenschau 2007 in Vöcklabruck.

Die Würzkräuter

Sie könnten natürlich wunderbar in einer selbst gebauten Kräuterspirale wachsen. Nur hat nicht jeder Gartenbesitzer genügend Platz dafür und eine zu kleine Kräuterschnecke macht mehr Mühe mit dem Gießen, weil bei großer Trockenheit sogar Wärme liebende Pflanzen wie Basilikum, Rosmarin, Majoran und Thymian gegossen werden wollen.

Grundriss.

Auch Schotterkörbe sind geeignet.

Kräuterspirale

Eine Kräuterspirale wird den unterschiedlichen Ansprüchen der Kräuter am besten gerecht. Die Südländer finden ganz oben den idealen trockenen, sonnigen Standort.

Es gibt eine Schattenseite und am Fuß der Spirale eine Feuchtzone und ein kleines Wasserbecken für Brunnenkresse.

Richtig aufgeschlichtet hält die Steinmauer dem Druck der eingefüllten Erde leicht stand.

1 Rosmarin (Rosmarinus officinalis)
2 Oregano (Origanum vulgare),
Majoran (Origanum majorana)
3 Salbei (Salvia officinalis)
4 Estragon (Artemisia dracunculus)
5 Ysop (Hyssopus officinalis),
Gartenthymian (Thymus vulgaris)
5 Basilikum (Ocimum basilicum),
Sommerbohnenkraut, Beizkraut
(Satureja hortensis, einjährig)
6 Schnittlauch (Allium schoenoprasum),
Knolauch = Schnittknoblauch (Allium tuberosum)
7 Kamille (Matricaria chamomilla)
8 Veilchen (Viola odorata, V. cornuta)
Lavendel (Lavandula angustifolia),
Quendel (Thymus pulegioides)
9 Petersilie (Petroselinum crispum)

10 Ringeblume (Calendula officinalis), Bohnenkraut (Satureja montana, mehrjährig), Goldmelisse (Monarda didyma), Malve, Käsepappel (Malva sylvestris), Waldmeister (Asperula odorata), Weinraute (Ruta graveolens), Wermut (Artemisa absinthium), Ysop (Hysoppus off.), Poleiminze (Mentha pulegium), Pfefferminze (Mentha piperita), Basilikum (Ocimum basilicum), Pimpinelle (Sanguisorba minor), Koriander (Coriandrum sativum), Kerbel (Anthriscus cerefolium),
11 Dill (Anethum graveolens), Kapuzinerkresse (Tropaeolum majus), Liebstöckl (Levisticum officinale), Lungenkraut (Pulmonaria officinalis), Brunnenkresse (Nasturtium officinale), Borretsch (Borago officinalis), Engelwurz (Angelica archangelica), Beinwell (Symphytum off.), Baldrian (Valeriana officinalis), Frauenmantel (Alchemilla vulgaris)

Zonen mit kalkhaltiger Erde wechseln mit Zonen kalkfreier Erde ab. Ebenso Zonen sandiger Erde mit feucht humoser Erde.

Kräuterspirale im Apothekergarten Salzburg.

Kräutertöpfe

Wer nur eine sonnige Terrasse oder einen Balkon sein Eigen nennt, kann seine Kräuter auch in Tontöpfen oder geräumigen Holztrögen kultivieren. Auch hier sind wieder große Schalen oder kleine Hochbeete pflegeleichter als einzelne Tontöpfe, die bei Sonne und Hitze schnell austrocknen.

Tontöpfe und Holzgefäße haben auf dem Balkon, der Terrasse und im Vorgarten Platz.

Überall ist Platz für Kräuter

Es muss nicht immer das klassische Kräuterbeet sein. Meines wird schon seit geraumer Zeit viel zu klein. Also wächst die Zitronenmelisse zwischen Ribiseln und Himbeeren. Auch andere wuchernde Kräuter wie Apfelminze, Pfefferminze und Orangenminze wachsen am Gartenrand, unter Kletterrosen und Apfelbäumen, wo sie sich ungehindert ausbreiten können.

Leiter oder Wagenrad

Originell wirkt eine alte Leiter als Kräuterbeet. In Nord-Süd-Richtung ausgelegt und zwischen den Sprossen mit Humus-Sand-Erde gefüllt, kann man die wichtigsten Kräuter pflanzen.

Ein altes Wagenrad schafft Ordnung und braucht wenig Platz. Einfach die Kräuter zwischen die Speichen setzen.

Ein Eisenstab in der Mitte hält diese Kräuterspirale aus Tontöpfen zusammen.

Dränage im Kräutertopf

Eine Schicht Kieselsteine oder Tonscherben am Topfboden sorgen dafür, dass das Wasser gut ablaufen kann. Verwenden Sie Erde, die nicht zu schnell austrocknet.

Tauchbad für Kräutertöpfe

Sollte es passiert sein, dass Ihre grünen Freunde wegen Wassermangels die Blüten und Blätter hängen lassen, dann gönnen Sie Ihren Pflanzen ein Tauchbad.

Einen Kübel gefüllt mit temperiertem Wasser aufstellen und die ausgetrockneten Töpfe so lange unter Wasser tauchen bis keine Luftbläschen mehr aufsteigen.

Volle Sonne für die Italiener.

Pflanzen aus südlichen Ländern bevorzugen sandige, eher magere Böden. Sie entfalten ihr bestes Aroma, wenn sie sparsam gedüngt werden. Zuviel Dünger schadet diesen Kräutern, sie werden anfällig für Krankheiten und Schädlinge.

Durch die Bedeckung der Erde verdunstet weniger Wasser. Die Erde darunter bleibt länger feucht, das Bodenleben wird aktiviert, die Pflanzen bekommen ständig Nährstoffe und das Unkraut bleibt aus.

Kräuter sind Sonnenkinder

Wählen sie für das Kräuterbeet den sonnigsten Bereich im Garten. Mindestens 4 bis 5 Stunden pro Tag sollten die Kräuter die Sonne genießen können, um das volle Aroma entwickeln zu können. Besonders die Arten aus dem Süden wie Salbei, Rosmarin, Lavendel oder Basilikum lieben die Sonne.

Erde

Wichtig für Kräuter ist auch die richtige Erde. Wer eigene Komposterde hat, wird diese verwenden, eventuell vermischt mit Gartenerde, Tonscherben und ein wenig Sand.

Boden lockern und mulchen

Auch regelmäßige Bodenlockerung mit dem Dreizahn oder der Sternfräse bewirkt, dass die haarfeinen Kanälchen in der Erde unterbrochen werden, das reduziert die Verdunstung des Bodenwassers, das durch diese Kapillaren nach oben steigt. Sie müssen weniger gießen.

Kräuter gießen

Gießen Sie Ihre Kräuter im ersten Jahr der Pflanzung im Kräutergarten regelmäßig und tiefgründig, nur so entwickelt die Pflanze gesunde Wurzeln in den tieferen, feuchten Schichten der Erde.

In den darauf folgenden Jahren muss dann nur noch in ausgesprochenen Trockenzeiten gelegentlich gegossen werden.

Sparsam gießen

Im Frühling und Herbst am Morgen und im Sommer am Abend ist der beste Zeitpunkt zum Gießen. Vermeiden sie Wassertropfen auf den Blättern, sie verursachen einen Sonnenbrand und schwächen die Pflanzen.

Düngen mit Kräutern

Kräuter enthalten viele Mineralstoffe und Spurenelemente. Diese Inhaltsstoffe können Sie auch anderen Pflanzen zugute kommen lassen.

Gut geeignet sind Brühen aus nährstoffreichen Arten wie Schachtelhalm, Brennnesseln, Beinwell oder Löwenzahn. Besonders wirksam ist eine Mischung aus diesen Kräutern.
Ansetzen von Kräuterjauche. Siehe Seite 57.

Rasenschnitt ist der natürlichste, einfachste und billigste Dünger und belebt die Erde.

Bestreuen Sie ihre Kräuterbeete mit einer dünnen Schicht Rasenschnitt. Regelmäßig dünn nachstreuen, damit das Bodenleben ständig aktiv ist.

Beinwell eignet sich gut für Kräuterjauche.

Kräuter ernten

Kräuter nach Bedarf jederzeit frisch zu ernten ist der Vorteil des eigenen Anbaus. Selten werden die gekauften Kräuter aufgebraucht. Sie verwelken. Getrocknete schmecken oft wie Heu. Ihr volles Aroma entwickeln Kräuter bei Sonnenschein.

Je näher das Kräuterbeet am Haus liegt, desto leichter wird die tägliche Ernte, auch bei Regen.

Schauen wir uns nun einige Kräuter an.

Kräuter zum Trocknen an einem schattigen, luftigen Ort aufhängen. Dann abrebeln und in Gläser füllen.

Das Beizkraut hing wohl zu lange in der Sonne.

Bohnenkraut, Majoran, Thymian, Rosmarin und Salbei können getrocknet gut verwendet werden. Schnittlauch, Petersilie und Dill lassen sich gut einfrieren. Basilikum hält als Pesto gut mit Öl bedeckt einige Zeit im Kühlschrank.

„Kräuterschauen“ bei der Arche Noah mit Christa Pucher (2.v.re.) und Alois Obermayr.

Wer kann schon an Kräutern vorbeigehen, ohne daran zu riechen?

An unserer Kräuterschnecke bei der Landesgartenschau 2007 in Vöcklabruck ging kaum jemand achtlos vorbei. Monika Frickh (links) pflegte sie und war fast immer für Auskünfte zugegen.

Kräuter, die sich nicht riechen können

Wermut gehört zu den Arten, die am besten nicht in direkter Nachbarschaft zu anderen Kräutern stehen sollten.

Nicht riechen können sich auch Estragon und Petersilie, Basilikum und Weinraute, Pfefferminze und Kamille, Zitronenmelisse und Indianernessel.

Kräuter aus aller Welt

Erst seit einigen hundert Jahren gibt es bei uns die verschiedensten Küchenkräuter, viele kommen aus Südeuropa und Asien. So wie sich die Wildkräuter dort ansiedeln, wo ihnen der Standort zusagt, so können auch Sie Ihre Kräuter in Ihrem Garten standortgerecht ansiedeln.

Auf gute Nachbarschaft

Wachsen Pflanzen in einer Kräuterspirale oder auf dem Beet sehr eng beisammen, ist es wichtig zu wissen, ob sie sich aufgrund ihrer Wurzelausscheidungen vertragen.

Salbei verträgt sich gut mit Rosmarin und Fenchel, Ysop mit der Weinraute, Koriander mit Anis.

Knoblauch fördert Gurken, Karotten, Rote Rüben und Tomaten. Zwiebeln sind gut für Erdbeeren, Salat, Fenchel und Kümmel.

Dill gehört zu Gurken, Karotten und Karfiol.

Viele Doldengewächse vertragen sich nicht untereinander, darunter Fenchel, Dill, Kerbel, Koriander, Kümmel, Liebstöckel, Karotten, Petersilie oder Sellerie.

Auch Kreuzblütengewächse wie Brunnenkresse, Kresse, Kohl, Kren, Radieschen, Rucola oder Senf hindern sich gegenseitig eher, als dass sie sich fördern.

Basilikum

Pfeffrig süß ist das Kraut der italienischen Küche. Es gehört zu Tomaten und Mozarella und frisches, selbst gemachtes Pesto schmeckt herrlich zu Nudeln.

Ocimum basilicum. Es gibt glatt- und krausblättrige sowie kleinblättrige und rotblättrige Sorten. Anis-, Zitronen- und Zimtbasilikum und Neapolitanisches Basilikum.

Das wärmeliebende Kraut nie zu früh hinausstellen. Temperaturen unter 15 Grad sind wie Frost für den Südländer. Humoser, nährstoffreicher Boden. Regelmäßig düngen und bei Trockenheit durchdringend gießen. Vor Schnecken schützen. Nur die Blätter aber nie die Triebspitze pflücken, Basilikum verzweigt sich nicht gern.

Bohnenkraut, Beizkräutl

Unverzichtbar für Erdäpfelsuppen ist das Sommerbohnenkraut, das in Österreich Beizkraut genannt wird.

Sommerbohnenkraut, Satureja hortensis. Es wird 20 – 30 cm hoch. Die Blüten sind rosa. Es sät sich selbst aus.

Winter- oder Bergbohnenkraut (S. montana) ist mehrjährig und winterhart und etwas milder als das einjährige Sommerbohnenkraut.
Bohnenkraut ist appetitanregend, wärmend für Magen und Darm. Es wird während der vollen Blüte geerntet und getrocknet.

Durchlässiger, eher magerer Boden reicht dem Bohnenkraut.

Borretsch, Gurkenkraut

Schon die Römer schätzten die Pflanze, die Glück, Freude und Mut bringen soll.

Die sternförmigen Blüten mit zartem Gurkenaroma auf den Salat gestreut, machen ihn zum Augenschmaus.

Die Blätter des Borretsch lassen sich gut in Backteig tauchen und backen. Nur frisch verwenden, nicht mitkochen. Fein zerkleinert zu Gurken-, Kartoffel-, Kopf- und Tomatensalat.

Borretsch, Borago officinalis. Die saftigen Blätter sind sehr vitamin- und mineralstoffreich. Borretsch wirkt schweiß- und harntreibend, stoffwechselanregend, herzstärkend und entzündungshemmend.

Borretsch wird in normalen, etwas kalkhaltigen Boden ausgesät und mit Erde bedeckt. Das einjährige Kraut sät sich in der Folge selbst aus. Es wird leicht von Mehltau und Blattläusen befallen.

Currykraut

Die gelben Blütenköpfchen und das silberne Laub der italienischen Strohblume machen es zum Blickfang im Kräutergarten. Frische Zweige den ganzen Sommer ernten, kurz mitkochen und vor dem Servieren entfernen. Es passt überall, wo Curry passt.

Helichrysum italicum. Zwergcurrykraut H. angustifolium Nanum. Wirkt antioxidativ und gefäßschützend.

Rückschnitt im Frühjahr. Nicht frosthart. Wird von Schnecken kaum angerührt.

Dill

Für Saucen und zu Fisch passen frische Dillspitzen hervorragend. Die Blütendolden werden für Einlegegurken verwendet.

Dill, Anethum graveolens, ist appetitanregend, verdauungs- und durchblutungsfördernd.

Mittelschwere, feuchtwarme, humose Böden sind für den Dill optimal. Dill hat eine langsame Jugendentwicklung, wird dann aber bis über einen Meter hoch. Eine vierjährige Fruchtfolge ist einzuhalten. Die vermeidet man durch breitwürfige Aussaat im ganzen Garten.

Estragon

Estragon wird nicht nur für Senf verwendet. Auch zu Geflügel, Reis und Saucen passt er gut. Seine Würzkraft verdankt er ätherischen Ölen, Bitter- und Gerbstoffen, die verdauungsfördernd und galletreibend wirken.

Artemisia dracunculus. Französischer Estragon hat ein feineres Aroma, ist aber im Garten nicht so widerstandsfähig. Deshalb findet man bei uns meist den robusteren, herbwürzigen russischen Estragon, den man aussäen kann. Deutscher Estragon hat einen süßlichen Nachgeschmack.

Estragon ist anfällig für Mehltau.

Fenchel

Die Heil- und Gewürzpflanze ist durch Kindertee und Brotgewürz bekannt. Sowohl die Samen als auch die Knolle passen gut zu Fischgerichten.

Foeniculum vulgare. Blüten und Samen bilden sich im zweiten Jahr nach der Aussaat. Eine attraktive Zuchtform des Gewürzfenchels ist der Bronzefenchel. Der hohe Anteil ätherischer Öle in den Fenchelfrüchten hilft bei allerlei Leiden des Verdauungsapparates und der oberen Luftwege.

Sonnig und warm will es das Mittelmeergewächs auf tiefgründigem, gut gedüngtem Boden. Die frostempfindlichen Pflanzen kommen nicht vor den Eisheiligen aufs Beet. Mit gutem Winterschutz könnten die zwei- oder mehrjährigen Pflanzen überwintern.

Kerbel

Kerbelblätter sind feiner als die von Petersilie. Geerntet wird bis vor der Blüte. Kerbelblätter nie mitkochen.

Kerbel, Anthriscus cerefolium, ist blutreinigend und harntreibend. Auch die Samen werden verwendet.

Aussaat ab Ende März auf lockeren Boden im Halbschatten. Empfindlich gegen Trockenheit und Staunässe.

Kresse

Mehrere botanisch nicht verwandte Arten werden Kresse genannt.

Gartenkresse

Bereits die Ägypter gaben den Pharaonen Kresse in ihre Gräber mit. Die Keimlinge, eine Woche nach dem Anbau geerntet, zu Salaten, Aufstrichen und Frischkäse verwenden.

Gartenkresse, Lepidium sativum. Senfölglycoside machen Kresse beißend scharf.
Pfefferkraut, L. latifolium, ist mehrjährig.

Kressesamen auf ein paar Blatt feuchter Küchenrolle in eine Schale am Fenster geben. Nach einer Woche kann geerntet werden.

Brunnenkresse

Brunnenkresse, Nasturtium officinale. Reich an Vitaminen und Spurenelementen. Sie gilt als das jodreichste Gemüse in unseren Breiten.

An Quellen, Bächen und Teichen findet sich die Brunnenkresse. Sie passt gut zum Kartoffelsalat.

Kapuzinerkresse

Tropaeolum majus. Kapuzinerkresse enthält Vitamine und antibiotische Stoffe. Sie wirkt blutreinigend, leicht abführend und stärkt die Abwehrkräfte.

Anbau oder Auspflanzen vorgezogener Pflanzen nach Mitte Mai.

Die Kapuzinerkresse, die aus Südamerika zu uns kam, war schon zu Großmutters Zeiten als Gemüse und Würzkraut begehrt, denn alle Pflanzenteile sind essbar und schmecken pikant. Die Blüten können zu verschiedenen Salaten verwendet werden.

Sie wächst kriechend auf dem Boden, aber auch an einem Zaun oder Spalier empor. Kapuzinerkresse blüht in vielen, bemerkenswert leuchtenden Farben. Neben Rot, Gelb und Orange gibt es neuerdings Sorten mit panaschierten Blüten. Nur 40 cm hoch wachsen die Nanum-Sorten. Alte Sorten erhalten Sie z. B. im Arche-Noah-Versand.

Kümmel

Carum carvi. Verdauungsfördernd. Tee aus zerstoßenen Kümmelkörnern hilft bei Blähungen und Magen-Darm-Krämpfen.

Kümmel ist zweijährig und wird im Spätsommer gesät.

Es gibt eine einjährige Neuzüchtung. Der Lichtkeimer sämt sich leicht selbst aus.

Kümmel gehört zu den ältesten Kräutern. Bei Ausgrabungen von Pfahlbauten (3.000 v. Chr.) wurde er gefunden. Seine verdauungsfördernde Wirkung bei deftigen Speisen ist bekannt.

Koriander

Das Brot- und Lebkuchengewürz wird bei uns hauptsächlich in Form von Samen verwendet, die am besten kurz angeröstet werden. Das scharfbittere Korianderkraut mit seinem Moschusaroma wird eher in der asiatischen und südamerikanischen Küche verwendet.

Coriandrum sativum. Appetit- und verdauungsanregend. Krampflösend, lindernd bei Magen- und Darmleiden.

Liebstöckl

Das intensive, sellerieähnliche Aroma erinnert an ein Würzmittel, deshalb wird es oft als Maggikraut bezeichnet. Sparsam verwenden.

Nahrhafter, feuchter und gut mit Dünger versorgter Boden behagt dem mehrjährigen Liebstöckl, das dann 1 bis 2 m hoch wird.

Levisticum officinale. Tee aus den Wurzeln wirkt wassertreibend und hilft bei Verdauungsstörungen.

Lorbeer

Der Lorbeerkranz ist ein Symbol für Ruhm, Sieg und Frieden. Die Priesterinnen des Orakels von Delphi sollen sich mit großen Mengen Lorbeer in Trance versetzt haben. Uns reicht meist schon ein halbes Blatt zu Fleisch- und Wildgerichten.

Überwinterung bei 5 Grad. Vermehrung durch Stecklinge. Erdmischung aus Sand, Kompost, Lehm.

Laurus nobilis. Gegen Blähungen, appetitanregend, entzündungshemmend, durchblutungsfördernd.

Im Mittelmeerraum wird dieses Hartlaubgewächs bis zu 10 m hoch. Bei uns wird er als kleiner Strauch gehalten, der im Winter ins Haus kommt.

Majoran

Zum Würzen von Kartoffelgerichten, Suppen und Soßen wird seit alters her Majoran verwendet, entweder frisch oder vor der Blüte geerntet und getrocknet.

Majoran im Mai direkt auf lockeren, durchlässigen Boden säen. Am Mittelmeer ist Majoran mehrjährig.

Origanum majorana. Majorantee lindert Magenbeschwerden und Blähungen und fördert den Appetit. Majoransalbe macht verschnupfte Nasen frei.

Im Frühling bis kurz über dem Boden zurückschneiden. Zur Vermehrung Wurzelausläufer abtrennen. Kalkhaltiger, sonniger und trockener Standort.

Oregano, Dost, Wilder Majoran

Das klassische Pizzagewürz.

Dost, das Kraut, das Kummer verschwinden lässt, erloschenen Lebensmut wieder aufrichtet und den Menschen fröhlich macht, wird auch ‚Wohlgemut' genannt und war im Mittelalter eine Hexenabwehrpflanze.

Origanum vulgare. Feineres Aroma haben mediterrane Arten. Etwa Kreta-Oregano (O. onites), kleinblättriger (O. microphyllum) oder griechischer Oregano (O. heracleoticum). Tee aus Oregano ist appetitanregend, tut dem Magen-Darm-Bereich gut und wirkt lindernd bei Husten und Erkältung.

Minze enthält Menthol, ein ätherisches Öl, das Erkältungsbeschwerden lindert und krampflösend wirkt.

Sonnig bis halbschattig und humos feucht mag es die Minze. Wurzelausläufer breiten sich stark aus.

Minze

Bei Minze denken wir zuerst an Pfefferminze, Mentha piperita, doch es gibt viele Arten. Auch solche ohne Menthol, die sind magenschonender.

Krause Minze (Spearmint), Grüne Minze, Kärntner Kasnudelminze. Ananas-, Apfel-, Orangen-, Limonen-, Zitronen-, Bananen-, Grapefruit-, Ingwer-, Lavendel- oder Poleiminze. Türkische, englische, marokkanische oder russische Minzen variieren geschmacklich von mild über fruchtig bis intensiv.

Petersilie

Das beliebteste Küchenkraut ist universell einsetzbar und sehr vitaminreich.

Petersilie erst nach dem Kochen zu den Speisen geben. Die aromatischen Stängel der Blattpetersilie sollten mitgeschnitten werden. Krauspetersilie dient zum Dekorieren.

Petroselinum crispum. Sehr vitaminreich. Darf zu Heilzwecken nur sehr sparsam verwendet werden. Könnte in freier Natur mit der giftigen Hundspetersilie, Aethusa cynapium, verwechselt werden.

Eher halbschattig und feucht mag es die etwas heikle Petersilie. Nie zweimal hintereinander auf denselben Platz säen. Petersilie keimt bei nasskalter Witterung sehr schlecht. Folienabdeckung schützt. Mischkultur mit Tagetes. Reihenabstand 30 cm. Vorjahrspetersilie schosst, wenn sie vor August ausgesät wurde, d. h. sie beginnt zu blühen.

Pimpinelle

Der kleine Wiesenknopf ist ein Rosengewächs mit grünlichen bis purpurfarbenen Blüten und sollte nicht mit dem Doldenblütler Bibernelle, Pimpinella saxifraga, verwechselt werden, die in Magenbittern verwendet wird. Sie hat weiße Blüten und könnte mit Hundspetersilie, Aethusa cynapium, (giftig) und geflecktem Schierling, Conium maculatum, (giftig) verwechselt werden.

Sanguisorba minor. 40 - 60 cm hoch. Blätter am Besten frisch verwenden. In Essig oder Zitronensaft entwickelt sich das Aroma am besten, geeignet für alle Salate, Rohkost, Kräutersuppen, Eier- und Fischgerichte.

Wenn man die Blüten ausbricht, kann man die Blattbildung fördern.

Bibernelle

Hundspetersilie

Schierling

Der altgriechische Philosoph Sokrates, 469-399 v. Chr. wurde wegen Missachtung der griechischen Götter und angeblich verderblichen Einflusses auf die Jugend zum Tod durch den Schierlingsbecher verurteilt.

Rosmarin

Rosmarinus officinalis. Rosmarintee ist anregend, kräftigend und nervenstärkend.

Bei uns nur im Weinbauklima winterhart. Warm, trocken und luftig ist sein Lieblingsstandort, also ganz oben auf einer Kräuterspirale.

Riecht nach Weihrauch und Kampfer und passt gut zu Kalb- und Schaffleisch.

Die Ägypter gaben ihren Toten Rosmarinzweige in die Hände und im Innviertel wurde ein Büschel Rosmarin beim Begräbnis von Jungfrauen getragen.

Salbei

Das lateinische Wort salvare deutet auf die Heilkraft dieses bitteren Krauts hin, das viele Verwandte hat. Salbei wird mitgekocht. Er gibt Lamm-, Rind- und Schweinefleisch ein südländisches Aroma.

Salvia officinalis. Sorten mit sehr dekorativen, mehrfarbigen Blättern: Tricolor, Aurea oder Purpurascens. Sehr aromatisch ist der Dalmatinische Salbei, (S. officinalis ssp. major). Interessant sind auch Muskatellersalbei (S. sclarea), Anasalbei (S. rutilans) und Griechischer Salbei (S. triloba).

Die in den Blättern enthaltenen Inhaltsstoffe wirken antiseptisch, ziehen Wunden zusammen und stillen Blut. Salbeitee ist wohltuend bei Halsschmerzen, Salbeitinktur hilft bei Zahnfleischbluten. Wie alle Heilkräuter sollte auch Salbei nicht im Übermaß eingenommen werden.

Standort eher kalkhaltig, vollsonnig. Rückschnitt im Frühjahr bis ins alte Holz.

Schnittlauch

Der Klassiker auf der Suppe sollte nicht mitgekocht werden. Er liefert im Winter in Töpfen am Fenster frisches Grün.

Schnittlauch, Allium schoenoprasum. Der Vitamin-C-Gehalt ist sehr hoch, außerdem wirkt Schnittlauch positiv auf die Verdauung und ist appetitanregend.

Schnittlauch können Sie im April oder August direkt ins Beet säen oder vorgezogene Pflanzen im Fachhandel kaufen. Ältere Pflanzen lassen sich leicht teilen.

Schnittlauch für den Winter

Im November oder Dezember graben wir einen Schnittlauchstock aus und lassen ihn ein paar Tage im Freien durchfrieren. Keine Angst, der Schnittlauch übersteht diese Gewaltkur bestens. Dann wird getopft und mit lauwarmen Wasser angegossen. Der Topf kommt ins Haus an einen hellen, nicht zu warmen Platz. Das erweckt den Schnittlauch zu neuem Leben, so dass er am Fenster willig treibt. Wenn es zu warm ist, werden die Röhren dünn und schwach.

Lilienhähnchen

Liliocerum lilii. Kommt man in die Nähe, lassen sich die roten Käfer auf den Boden fallen.

Da hilft nur Abklauben, sonst finden sich bald grausliche Raupen am Schnittlauch.

Schnittknoblauch, Chinalauch, Knolau

Die frisch verwendeten Blätter schmecken nach Knoblauch, bewirken aber nicht den ungeliebten Geruch nach dem Verzehr.

Allium tuberosum

Äußerst pflegeleicht. Braucht weder gegossen noch gedüngt zu werden. Von März bis August kann ausgesät werden. Ältere Pflanzen teilen.

Thymian

Der 20 bis 30 cm hoch werdende Winterthymian ist ein Halbstrauch und verholzt sehr schnell.

Thymus vulgaris. Zitronen- und Orangenthymian sowie der kriechend wachsende Feldthymian. Gegen Mittag geerntete junge Triebspitzen und Blätter enthalten die meisten Inhaltsstoffe. Auch getrocknetes Thymiankraut behält seine intensive Würze. Wegen seiner schleim- und krampflösenden Wirkung wird Thymiantee gern bei Husten getrunken.

Zitronenthymian, Thymus citriodorus, passt zu Pasta und Fisch. Orangenthymian ist gut bei Geflügel und Wildgerichten. Kümmelthymian passt zu Schweinsbraten, Kohlgerichten und Hülsenfrüchten. Thymian eignet sich gut zum Aromatisieren von Öl und Essig.

Kalkhaltiger, magerer Boden in voller Sonne. Sommerthymian jedes Jahr aussäen. Winterthymian nach 2 – 3 Jahren am Wurzelstock teilen.

Quendel

Thymus pulegioides.

Der wild wachsende Thymian, hat ein intensiveres Aroma und wird für Wurst, Pasteten, Erdäpfel und deftige Fleischgerichte verwendet.

Ysop

Hyssopus officinalis.

Im Raureif und in voller Blüte.

Ysop wächst auf kalkreichen Steinböden. Schneiden Sie das Kraut nach der Blüte eine Handbreit über dem Boden zurück, so bleiben die Pflanzen schön dicht. Ysop gilt als Abwehrpflanze gegen Blattläuse, Raupen und Schnecken.

Die blauen Blüten des Ysops sind eine Bienen- und Augenweide. Sein Platz ist daher nicht nur im Kräuter-, sondern auch im Ziergarten. Kombiniert mit den rosa- und weißblühenden Sorten sind die ausdauernden, bis 60 Zentimeter hohen Halbsträucher besonders reizvoll.

Der appetitanregende und verdauungsfördernde Ysop sollte kurz mitgekocht werden. Die etwas bitteren Blätter passen zu Hülsenfrüchten und Eintöpfen. Anisysop passt gut zu Fenchel und Pastinaken oder als Tee.

Zitronengras

Cymbopogon citratus. Wird bei Raumtemperatur überwintert.

Die festen Stängel des schilfartigen Grases eignen sich gut als Spieße für Fisch und Geflügel und für die asiatische Küche.

Zitronenmelisse

Melissa officinalis. Neben der grünlaubigen Zitronenmelisse gibt es auch dekorative Sorten mit gelben (Aurea) oder gelbbunten Blättern (Variegata). Als Melissengeist beruhigende, entspannende und schlaffördernde Wirkung. Man kann frische Melissenblätter auch als beruhigenden Tee aufbrühen.

Wird als Sirup und für süße und pikante Speisen verwendet.

Im Frühjahr gut verrotteten Kompost oder organischen Dünger geben. Vermehrung durch Abtrennen der Wurzelausläufer.

Tee- und Heilkräuter

Gegen fast alles ist ein Kraut gewachsen. Doch die Dosis macht das Gift, sagt Paracelsus. Selbst Pfefferminztee sollte nicht über längere Zeit genossen werden. Heilkräuter gehören in die Hände von Leuten, die sich damit auskennen. Lassen Sie sich von Fachleuten beraten.

Zu Risiken oder Nebenwirkungen fragen sie Ihren Arzt oder Apotheker.

Wir stellen Ihnen hier einige Kräuter vor, die Sie zwar auch als Tee verwenden könnten, die aber den Garten auf jeden Fall bereichern.

Philippus Theophrastus Aureolus Bombast von Hohenheim, genannt Paracelsus. 1493-1541.

„Allein die Dosis macht, das ein Ding kein Gift ist". Als Arzt hatte der Alchimist, Astrologe und Mystiker legendäre Heilungserfolge. Er therapierte seine Mittelohrentzündung mit Blei und starb vermutlich an einer Bleivergiftung.

Baldrian

Katzen sind ganz wild auf Baldrian, der auch uns als Beruhigungsmittel dient.

Valeriana officinalis. 25 bis 100 cm hoch, Blüte doldenartig, helllila, Es wird die Wurzel verwendet. Wirkt als natürliches Beruhigungsmittel, fördert Heilungsprozess bei Wunden, ist schleimlösend.

Beinwell

Hat einen hohen Anteil an hochwertigen Proteinen. Die jungen Blätter kann man durch Backteig ziehen und backen. Wir verwenden Sie für Pflanzenjauchen.

Symphytum off. Gelb gemustert ist S. asperum Aureovaregata, grandiflorum.

Brautmyrte

Die Myrte, deren Blätter zwar essbar sind, ist eher als Symbol für Fruchtbarkeit und Reinheit interessant.

Nicht frosthart. Im Kalthaus überwintern.

Myrthus communis.

Artemisia abrotanum.

Eberraute

Im Mittelalter würzte man fette Speisen damit. Die Spitzen riechen nach Cola.

Althaea officinalis. Wird in Hustentees verwendet.

Eibisch

Der Echte Eibisch ist eine alte Heilpflanze. Als Eibisch werden auch einige Hibiscusarten bezeichnet.

Angelica archangelica.

Engelwurz

Der Arznei-Engelwurz verströmt süßen Honigduft und wird bis zu 2 m hoch.

Sedum rupeste, S. reflexum. Wirkt harntreibend.

Nicht mit dem giftigen Scharfen Mauerpfeffer, Sedum acre, verwechseln.

Felsenfetthenne, Tripmadam

Wächst auf steinigen, trockenen Böden und passt gut zu Salaten, Soßen, Suppen und Salzkartoffeln. Vermehrt sich durch Samen oder kriechende Wurzeln unkrautartig.

Alchemilla vulgaris.

Frauenmantel

Fand in der Volksmedizin vielfältige Anwendung. Wächst auch im Schatten gut.

Echter Galgant, Alpina officinarum ist ein Ingwergewächs.

Es wird die Wurzel verwendet.

Galgant

Hildegard von Bingen empfahl das "Gewürz des Lebens" bei Herz-, Magen- und Darmerkrankungen.

Monarda didyma. Für Teemischungen.

Goldmelisse

Die Zierpflanze aus Nordamerika hat auch Heilkräfte.

Bekannt ist der Melissensirup aus den feuerroten Blüten.

Jiaogulan – Kraut der Unsterblichkeit

Die Anti-Aging-Pflanze aus China, Japan und Thailand wird als Wunderkraut angepriesen. Nachgewiesen sind positive Wirkungen auf Herz und Blut.

Seinen Beinamen hat es aus der südchinesischen Region Guizhou, in der überdurchschnittlich viele Menschen älter als 100 Jahre werden und täglich Jiaogulantee trinken.

Gynostemma pentaphyllum. Mehrjährige, bis –18 Grad frostharte, schnell wuchernde Rankpflanze.

Das Kürbisgewächs wird bis 8 m hoch. Die oberirdischen Teile sterben im Winter ab. Zweihäusig. Vermehrung durch Samen, Stecklinge und Wurzelteilung.

Kamille

Etwas aus der Mode gekommen ist der Kamillentee. Die alte Heilpflanze wird bei Magen- und Darmbeschwerden und bei Entzündungen verwendet.

Matricaria chamomilla. Einjährig krautiger Korbblütler.

Lavendel

Junge Blätter kann man auch in der Küche verwenden, doch meist haben wir den Lavendel bei Rosen, wo seine blauen Blüten einen schönen Kontrast bilden und sein Duft Ungeziefer abhält.

Lavandula angustifolia. Blüten und Blätter für Öl, Tee, Duftmittel, Wirkung: gegen Rheuma, nervenstärkend.

Lungenkraut

Hänsel und Gretel wird das Kraut wohl wegen der verschiedenfarbigen, trichterförmigen Blüten genannt, die zuerst rot sind und nach der Bestäubung blau werden. Das gefleckte Lungenkraut ist eine Halbschattenpflanze.

Pulmonaria officinalis. Verwendung als getrocknetes Kraut, als Aufguss, in Bronchialtees, bei Lungen- und Erkältungskrankheiten.

Mädesüß, Geißbart

An feuchten Standorten erfreuen uns und die Bienen die weißen, gefüllten, rispenartigen Blüten. Aus den Blütenknospen wurde lange Zeit Salicylsäure gewonnen.

Filipendula ulmaria. Ernte der Blüte, getrocknet als Tee oder Aufguss, schweiß- und harntreibend, gegen Gicht, Rheuma, Blasen- und Nierenerkrankungen.

Papaver.

Mohn

Mohn wird im Wald- und Mühlviertel wieder vermehrt angebaut. Für uns sind einige der 50 – 120 Arten eher als Zierpflanzen interessant.

Pelargonium tomentosum.

Pfefferminzgeranie

Die herrlich weiß samtigen Blätter sind sehr dekorativ und duften nach Pfefferminze.

Für Bowle, Tee, Marmelade, Kekse und Eis.

Im Garten helfen uns Ringelblumen und Tagetes den Boden gesund zu erhalten. Ihre Wurzeln enthalten Stoffe, die pflanzenschädliche Nematoden bekämpfen.

Ringelblume

Ganz besonders ins Herz geschlossen habe ich die Ringelblume, Calendula officinalis. Mit ihren leuchtenden Blüten in orange und gelb bringt sie eine fröhliche Stimmung in den Kräutergarten. Ihre Blüten werden zur Dekoration in Suppen und Salaten, auf Butterbroten, für Tee und Salben verwendet.

Achillea wird für Verdauungsorgane und Frauenleiden eingesetzt.

Schafgarbe

Die klassische Heilpflanze.

Süßdolde

Eine Gewürz- und Heilpflanze, die nach Anis duftet.

Myrrhis odorata

Süßkraut Stevia

Bis zu 300-fache Süßkraft von Zucker hat das in den Blättern enthaltene Steviosid. Die Guarani-Indianer verwenden es seit mehr als 500 Jahren. In Japan, Australien und Neuseeland ist Stevia zugelassen.

Stevia rebaudiana.

In den USA brachte eine von Aspartam-Erzeuger Monsanto bezahlte Studie Zweifel an der gesundheitlichen Unbedenklichkeit von Stevia. In der EU ist es als Lebensmittel nicht zugelassen, man kann es nur als Badezusatz oder Tee kaufen.

Bei Zimmertemperatur überwintern und Blätter weiter ernten.

Wacholder

Das Zypressengewächs gibt es in vielen Zuchtformen, die für den Verzehr nicht geeignet sind. Als Kronawittbeere findet man die Wacholderbeere in Sauerkraut, Wild und geräucherten Fleischgerichten.

Juniperus communis

Auch dem Gin gibt Wacholder seinen typischen Geschmack.

Waldmeister

Waldmeister kennen wir von der gleichnamigen Bowle, von Brause und vom Berliner Kindl.

Asperula odorata, syn. Galium odoratum. Ernte vor der Blüte, in Bündeln trocknen, entwickelt dann Geruch. Blutreinigend. Geschmack aromatisch, leicht bitter. Sparsam verwenden. Bei Überdosierung bekommt man Kopfweh vom Cumarin. Für Süßspeisen und Limonaden.

Wermut

Ein Wermutstropfen bei der Verwendung als Heilkraut sind die Nebenwirkungen durch das giftige Thujon. Wohl auch der Grund für das zeitweilige Verbot des Absinths im 19. Jahrhundert.

Artemisa absinthium. Kein Würzkraut. Teeaufguss bei Magenverstimmungen, stark bitter, verdauungsfördernd.

Warm, sonnig, durchlässiger, kalkhaltiger Boden. Weinbauklima sonst Winterschutz. Rückschnitt im Sommer. Ältere Stauden teilen. Vorsichtig hantieren – kann Hautreizungen verursachen.

Weinraute

Ruta graveolens. Die Inhaltsstoffe der Weinraute wirken krampflösend und appetitanregend. Aber Vorsicht, sie ist in größeren Mengen giftig.

Malva sylvestris. 70 cm, buschig, Blüte rosa von Mai bis September. Getrocknet als Tee und Aufguss gegen Entzündungen der Atemwege, des Magen- und Darmtrakts.

Wilde Malve, Käsepappel

Die Große Käsepappel wurde bereits in der Antike als Heil- und Gemüsepflanze angebaut.

Leptospermum citratum. L. scoparium. Der Tea-Tree ist ein neuseeländisches und australisches Myrtengewächs, das bei uns als Zierpflanze verkauft wird. Die Maoris verwenden das Teebaumöl bei Verbrennungen, Entzündungen und Insektenstichen.

Zitronenduftteebaum

Ein Beispiel für viele neue Kräuter, Gewürze und Tees, die aus aller Welt zu uns kommen.

Backhousia citriodora.

Down under wird sie zum prächtigen Baum.

Zitronenmyrte

Die Blätter der Pflanze aus Australien riechen intensiver nach Zitrone als die Zitrone selbst.

Aloysia triphylla, A. citriodora od. Lippia c. Kühl überwintern.

Zitronenverbene

Das Eisenkrautgewächs war vor 100 Jahren in Europa als Zierpflanze beliebt. Es wird als Sirup oder Tee und zum Würzen von Fisch verwendet. Auch als getrocknete Blätter.

Wildkräuter siedeln sich in jedem Garten von alleine an. Unsere frühen Vorfahren ernährten sich fast ausschließlich von Wildkräutern, die uns die Natur kostenlos bereitstellt.

Ich hoffe sehr, Sie finden das eine oder andere Wildkraut in ihrem Garten. Freuen Sie sich darüber, dass Sie diese wertvollen Delikatessen jederzeit griffbereit zur Verfügung haben. Gönnen Sie sich täglich ein paar Blätter dieser Pflanzen, die die Menschheit schon seit ewigen Zeiten begleiten.

Lassen Sie ‚Unkraut' zu und markieren sie ein paar ausgesuchte, gut erreichbare Pflanzen mit einem schönen Blumenstab. Wenn Sie regelmäßig ernten und keine unnötigen Samen aufkommen lassen, haben Sie lange Freude daran.

Mehr Natur im Garten zulassen. Naturbeet der Umweltakademie im Siedlergarten bei der oö. Landesgartenschau 2009 in Bad Schallerbach.

Setzen sie auch weiterhin Kopfsalat und freuen sie sich über diese zarten, gelbgrünen Blätter und streuen sie die Spitzen von Vogelmiere über den Salat.

Bachbunge

Die Blätter als Wildsalat verwendet, fördern die Verdauung und vertreiben die Frühjahrsmüdigkeit.

Veronica beccabunga.

Bärlauch, Wilder Knoblauch

In einem alten Buch steht: Bärlauch zu essen ist unter 40 freiwillig, über 40 Pflicht.

Bis der Bärlauch blüht, können die Blätter gesammelt werden.

Allium ursinum. Blätter werden verwendet, Wirkung: appetitanregend, gegen Arterienverkalkung, fördert Leber- und Gallenfunktion, senkt Blutdruck und Cholesterin. Besonders wertvoll ist Bärlauch durch seine Inhaltsstoffe wie Vitamin C, Sulfide, Mineralstoffe und Spurenelemente.

Die Pflanze tritt an manchen Stellen so häufig auf, dass sie den ganzen Boden bedeckt.

Bärlauch kann als Würze zu Nudelgerichten, Suppen, Topfen und Brotaufstrichen verwendet werden.

Der **Bärlauch** hat einen dreikantigen Blattstiel, zwei Blätter mit dem typischen Knoblauchgeruch, die einzeln aus dem Boden kommen. Das Bärlauchblatt ist länglich-elliptisch zugespitzt. Die Blattunterseite ist glänzend, nach oben gedreht. Die Oberseite ist matt, nach unten gedreht mit deutlichem Mittelnerv.

Plantago major.

Große Brennnessel, Urtica dioica, und Kleine Brennnessel, U. urens, enthalten Kalium, Magnesium, Säuren, Vitamin A, C und das Nesselgift, das auf der Haut brennt.

Verwechslungsgefahr!

Wenn Sie die Beschreibungen von Bärlauch, Maiglöckchen und Herbstzeitlose lesen, kann es keine Verwechslung und daher keine Vergiftung geben.

Bärlauch kann sicher durch den Knoblauchgeruch erkannt werden. Das Maiglöckchen hat nicht den intensiven Knoblauchgeruch, sondern duftet süßlich.

Hat man zuvor schon Bärlauch gesammelt, könnte der an den Händen klebende Saft bei einer Geruchsüberprüfung einen Knoblauchduft auch auf Herbstzeitlosen und Maiglöckchen vortäuschen.

Maiglöckchen haben zwei elliptisch, lanzettartig zugespitzte Laubblätter, deren Stiele in einer gemeinsamen Hülle aus Niederblättern (Scheinstamm) stecken. Blattoberseite blaugrün, untere Niederblätter rötlich.

Bei der **Herbstzeitlose** sind die Blätter in vielzähligen, trichterförmigen Rosetten, lineal- lanzettartig, ungestielt und ohne Mittelnerv.

Breitwegerich

Passt gut zu Kartoffelspeisen. Kann anstatt Petersilie verwendet werden.

Brennnessel

Verwendet werden die jungen Triebspitzen frisch für Suppen, Topfenaufstriche, Kräuternudeln etc.

Mischen Sie doch einmal zum fertigen Spinat zwei Handvoll rohe, fein geschnittene Brennnesselspitzen dazu. Frisch oder getrocknet als Tee wirken Brennnesseln blutreinigend.

Gänseblümchen

Die kleinen, weißen Blütenköpfchen blühen das ganze Jahr.

Die Blätter und die Blüten bringen Farbe in den Salat und auf die belegten Brote.

Bellis perennis. Beruhigt und entspannt bei Bluthochdruck, lindert Kopfschmerzen. Bei Atemwegserkrankungen, Bronchitis und Husten.

Giersch

Der Erdholler bevölkert oft Gemüse- und Obstgärten und nährstoffreiche Wiesen. Bei mir wuchert er ausgiebig unter den Ribiselsträuchern.

Die jungen Blätter klein geschnitten in Frühlingssalaten, Aufstrichen, Kräuterbutter, Suppen, Aufläufen, etc. verwenden.

Giersch-Kracherl: 10 Blätter Giersch, 1 Stängel Pfefferminze, Apfel- oder Zirtronenmelisse. In einen Krug mit 1,5 l Wasser oder Apfelsaft einlegen. Nach 3 Stunden herausnehmen. Mit Mineralwasser oder Wein verfeinern.

Aegopodium podagraria. Er enthält Vitamin C, Pro-Vitamin A, Eiweiß, Mineralstoffe. Weiße Blütendolden zieren im Juli und August die grünen, dreigeteilten Blätter. Typisch für ihn sind der petersilienähnliche Geschmack und der dreikantige Blattstängel.

Erdholler, nicht nur ein Unkraut.

Gundelrebe

Fast immer in unseren Gärten und Wiesen anzutreffen ist auch der Gundermann. Die Pflanze kriecht am Boden dahin und wurzelt immer wieder an den Blattachseln.

Wurde früher zur Konservierung von Bier verwendet.

Glechoma hederacea.

Der Stängel ist vierkantig, die Blätter sind herzförmig, sie haben einen herbwürzigen Geruch.

Von März bis Juli erscheinen in den Blattachseln kleine, hellviolette Blüten mit einem dunklen Fleck auf der Unterlippe.

Einige junge Triebspitzen oder einzelne Blätter bringen einen interessanten Geschmack in Soßen, Suppen und Aufstrichen.

Löwenzahn

Mit seinen gelben Blüten und bis zu 1 m langen Wurzeln, besiedelt er jeden Garten.

Pflücken Sie junge, zarte Blätter, die Sie klein schneiden. In einem Kräutertopfenaufstrich oder in der Kräutersuppe liefert er uns wertvolle Bitterstoffe für den Stoffwechsel.

Taraxacum officinale. Die Blätter enthalten auch Mineralstoffe, Bitterstoffe, Proteine, Vitamine A, C, E und B. Die Wurzel enthält Inulin, Zucker, Gerbstoffe. Blutreinigend.

Löwenzahnblüten können als Honig, Sirup, Gelee und Limonade verarbeitet werden.

Portulak

Das wuchernde Gartenunkraut kann man auch als Salat essen.

Enthält Vitamin C, Spurenelemente und Omega-3-Fettsäuren.

Portulaca oleracea.

Sauerampfer

Rumex acetosa. Enthält Vitamin C.

Spitzwegerich

Den Geschmack von frischen Pilzen zaubern sie mit Spitzwegerich auf den Tisch.

Plantago lanceolata. Klein geschnitten gelangen Gerbstoffe, Bitterstoffe, Schleimstoffe, Kieselsäuren, Vitamin C und das Glykosid Aukubin auf den Teller.

Vogelmiere

Sie wächst mit Vorliebe in meinem Gemüsegarten. Sogar im Blumenkistchen am Balkon fühlt sie sich noch wohl. Auch Hühnerdarm wird sie genannt und ihre weißen Blütensternchen wirken sehr zierlich. Frische Vogelmiere schmeckt herrlich nach Mais.

Vogelmiere ist ein ausgesprochener Stickstoffzeiger.

Stellaria media. 150 g liefern den Tagesbedarf an Eisen, Kalium, Calcium und Magnesium. Enthält Vitamin C und A.

Das frische Kraut klein geschnitten in Salaten, Aufstrichen, Erdäpfelkäse, Suppen und auf Butterbroten verwenden.

6. Beeren - immer was zum Naschen

Walderdbeeren sind in Zeiten von künstlichen Aromen in Joghurts und Konfitüren der Inbegriff natürlichen Geschmacks. Himbeeren, Brombeeren und Heidelbeeren aus dem Wald sind mit Kindheitserinnerungen verbunden.

Wo bin ich gewesen? Nun rate mal schön.
Im Wald bist gewesen, das kann man ja sehn.
Spinnweben am Kleidchen, Tannnadeln im Haar,
das bekommt man ja nur,
wenn man im Tannenwald war.
Was hab ich getan? Sprich, weißt du das auch?
Hast Beerlein gepflücket vom Heidelbeerstrauch.
O, sieh nur, wie blau um das Mündchen du bist.
Das bekommt man ja nur, wenn man Heidelbeer isst.
Johannes Trojan, 1873 - 1915

Unangenehme Eigenschaften wie Dornen oder zu kleine Früchte wurden den Gartenbeeren weggezüchtet. Trotzdem gibt es unter den vielen Sorten sehr aromatische.

Manche lassen sich aber einfach nicht vergleichen, wie die Kulturheidelbeeren und die Schwarzbeeren aus dem Wald, die wirklich schwarz färben.

Die positive Wirkung der Heidelbeeren auf den Magen ist weitum bekannt. Himbeeren und Brombeeren haben viel Kalzium und Eisen und bei Preiselbeeren ist eine cholesterinsenkende Wirkung bekannt.

In den Garten gehen und Naschen. Beeren, süß und gut, laden nicht nur Kinder dazu ein.

Nach dem Kauf verlieren Beeren schnell Vitamine. Direkt vom Strauch sind Beeren daher am gesündesten.

Die Erdbeere hat mehr Vitamin C als Zitronen. 150 g decken schon den Tagesbedarf.

Johannisbeeren regen die Immunabwehr an und die Kieselsäure in Stachelbeeren kräftigt Haare und Nägel.

Krebszellen mögen keine Himbeeren

Die Ellagsäure findet sich in Himbeeren in den Samen, in Erdbeeren im Fruchtfleisch und in Haselnüssen. Sie verhindert die Aktivierung krebserregender Substanzen und hemmt die Entwicklung der Gefäßversorgung von Tumoren.

Die Anthocyanidine sind für die leuchtenden Farben rot, rosa, lila, orange und blau verantwortlich und finden sich besonders in Heidelbeeren, Himbeeren, Erdbeeren und Cranberrys. Sie haben starke Wirkung als Antioxidationsmittel.

Die Proanthocyanidine sind für ihren hohen Schutz als Antioxidantien bekannt. Sie sind in Zimt, Kakao, Roten Bohnen, Haselnüssen, Cranberrys, Waldheidelbeeren und Erdbeeren in größerer Menge enthalten.

Buchtipp:

Prof. Dr. med. Richard Bélieveau. Dr. med. Denis Gingras. Krebszellen mögen keine Himbeeren. Nahrungsmittel gegen Krebs. Das Immunsystem stärken und gezielt vorbeugen. Dt. Ausgabe. Kösel-Verlag, München 2007.

Platz für Beeren

Wer zu wenig Beerenobst hat, sollte an Neupflanzung denken. Ob Sie die Beerensträucher zusammen gruppieren oder einzeln als Mittelpunkt größerer Beete, das bleibt jedem selber überlassen.

Stachelbeer- und Johannisbeer-Stämmchen bildeten schon in den alten Bauerngärten einen Blickfang. Brombeeren, Himbeeren und die frostharten Kiwis sind am sonnigen Zaun gut aufgehoben, wo sie Halt finden und Neugierigen bald jeden Einblick verwehren.

Oder man zieht sie am freistehenden Spalier und unterteilt mit diesen grünen Wänden den Garten. Je mehr Sonne die Früchte erreichen, desto besser ist die Qualität.

Die größten Beeren

Bis zu 766,8 Kilo können Beeren schwer werden. Dabei ist natürlich von Kürbissen die Rede, die wegen der harten Schale genau wie die Gurken Panzerbeeren sind.

Was sind Beeren?

Der Hobbygärtner versteht unter Beerenobst Johannisbeeren, Stachelbeeren, Himbeeren, Brombeeren und Erdbeeren. Doch hier wird eine Reihe von Obstsorten zusammengefasst, die den Namen Beerenfrüchte zu Unrecht führen.

Im botanischen Sinn sind Johannis-, und die Stachelbeeren, die Heidelbeeren und Preiselbeeren sowie die Weintrauben dem Beerenobst zuzuordnen. Himbeeren und Brombeeren sind botanisch Steinfrüchte, Erdbeeren wiederum sind Sammelnussfrüchte.

Boden

Nährstoffreiche, tiefgründige Böden mit ausreichend Feuchtigkeit sind optimal. Sandige Lehmböden sind schweren Lehm- oder Tonböden vorzuziehen.

Der pH-Wert des Bodens sollte bei 6,5 liegen, also leicht sauer sein. Ein pH-Wert von 7 ist neutral. Jedoch auch auf leicht basischen Böden gedeihen Johannisbeeren und Stachelbeeren noch sehr gut.

Heidelbeeren brauchen sauren Boden.

Einteilung der Beeren

Auf Grund des Wuchses gibt es eine Gliederung in Sträucher, Halbsträucher und Stauden.

Zu den **Sträuchern** werden Johannisbeeren und Stachelbeeren gezählt. Die Triebbildung erfolgt von der Basis. Es wird ein dauerhaftes Verzweigungssystem aufgebaut.

Bei den **Halbsträuchern,** zu denen Himbeeren und Brombeeren gehören, erfolgt die Triebbildung ebenfalls von der Basis. Hier kommt es aber zu keinem Aufbau eines dauerhaften Verzweigungssystems.

Stauden sind ausdauernde, krautige Pflanzen, die nicht verholzen, wie Erdbeeren.

Pflanzzeit

Auch für Beerenobst ist der Herbst die günstigste Pflanzzeit.

Ausrieseln

kann nicht nur auf Frost während der Blüte, sondern auch auf schlechte Befruchtung zurückzuführen sein.

Ribiseln neigen zum Ausrieseln, d.h. viele Blüten fallen ab.

Mulchen

Eine Mulchdecke aus Rasenschnitt ist sehr vorteilhaft, sollte jedoch im Spätherbst nicht zu hoch sein, da sie allen Mäusen einen guten Unterschlupf bietet.

Steckhölzer

Dazu werden einjährige, gut ausgereifte Triebe in der Ruhezeit geschnitten. Um ein Vertrocknen zu verhindern, gibt man die Steckhölzer in einen Plastiksack und vergräbt diesen im Schatten in der Erde. Im Frühjahr werden die ca. 15 cm langen Triebe in die Erde gesteckt. Es genügt, wenn ein bis zwei Augen aus der Erde ragen.

Mehrere Pflanzen setzen

Beerenobstarten sind weitgehend selbstfruchtbar. Trotzdem ist es ratsam, mehrere Sorten zu pflanzen, denn Versuche haben gezeigt, dass nicht nur die Erträge, sondern auch die Früchte größer werden.

Beeren düngen

Wenn die Böden eine gute Nährstoffversorgung haben, genügt meist eine einmalige Düngung mit einem Volldünger zur Austriebszeit.

Eine kräftige Triebbildung kann man mit stickstoffbetonten Düngern erreichen. Doch später sollte auf Stickstoffgaben verzichtet werden. Bei zu späten Stickstoffgaben reifen die Triebe nicht mehr voll aus und es besteht die Gefahr von Frostschäden. Mit Kalium und Phosphor ist für Standfestigkeit und Fruchtansatz gesorgt. Auch die Haltbarkeit der Früchte wird damit gefördert.

Beerenobst sollte nach Möglichkeit unkrautfrei gehalten werden.

Beeren vermehren

Während beim Obstbau die Sortenreinheit durch Veredlung weitergegeben wird, gibt es beim Beerenobst verschiedene Möglichkeiten dazu. Die häufigste Vermehrung erfolgt durch Steckhölzer.

Eine weitere günstige Vermehrungsart sind Absenker. Biegsame Triebe werden bis zum Boden gebogen, also abgesenkt.

Durch den Erdkontakt bildet der Zweig Wurzeln und es entsteht eine neue Pflanze.

Himbeeren und die stacheligen Brombeeren lassen sich gut aus Wurzelstückchen vermehren.

Wurzelstücke

Ca. 10 cm lange Wurzeln werden in ein gut vorbereitetes Pflanzbeet gelegt.

Absenker

Graben Sie im Frühling neben dem Strauch eine kleine Mulde, biegen Sie einen einjährigen Trieb zu Boden und befestigen ihn mit einem Haken in der Mulde. Machen Sie eine kleine Kerbe unter der Knospe, die am tiefsten liegt. Füllen Sie die Mulde mit Kompost. Die neue Pflanze kann später umgesetzt werden.

Die Beeren in unserem Garten

Erdbeere

Nur wer selber ein Erdbeerbeet hat, weiß wie gut diese schmecken. Wenn die Stauden im Frühjahr beim Austrieb mit Vlies bedeckt werden, können schon Ende Mai herrlich schmeckende Früchte geerntet werden. Vollreif haben sie den besten Geschmack, ohne Nitrat und ohne Pestizidrückstände.

Die beliebteste Beere

Wegen des einmaligen Geschmacks und der wertvollen Inhaltsstoffe zählen Erdbeeren zur beliebtesten Beerenart, wovon in Österreich der Pro-Kopf-Verbrauch mehr als vier Kilogramm beträgt.

Strawberry field forever. Katharina Frickh auf dem Erdbeerfeld von Anton Seifriedsberger in Frankenburg.

Die Vitamin C-Beere

Gesund sind Erdbeeren wegen des reichlichen Gehaltes an Vitaminen, Mineralstoffen und bioaktiven Substanzen. Erwähnenswert ist vor allem der Gehalt an Vitamin C, der den von Zitrusfrüchten überschreitet. In der Volksmedizin gilt daher die Erdbeere als wirksames Mittel gegen Blutarmut. Die Erdbeere enthält viele bioaktive Substanzen, wie sekundäre Pflanzenstoffe und Ballaststoffe. Die Phenolsäuren wirken krebshemmend und beugen Infektionen vor. Weiters bieten Erdbeeren die Möglichkeit, ohne Reue und mit Genuss zu essen und abzunehmen. Ein weiterer Inhaltsstoff ist die Asparaginsäure, die harntreibend und entschlackend wirkt.

Folie oder Mulch

Wer keine Folie auflegt, sollte unbedingt mulchen. Durch eine Knoblauchpflanzung zwischen den Erdbeeren werden Pilzkrankheiten weitgehend verhindert.

Grauschimmel

Botrytis cinerea. Pflanzen stärken. Knoblauch setzen. Schachtelhalm-, Zwiebelschalen- oder Knoblauchtee spritzen.

Strohmulch

zwischen den Reihen bewirkt, dass sich die Erde nicht zu stark verfestigt, die Früchte nicht auf der Erde liegen und durch weniger Feuchtigkeit auch nicht so leicht faulen.

Erdbeeren vermehren

Wer seine Erdbeeren vermehren möchte, sollte die besten Mutterpflanzen kennzeichnen. Das sind jene Pflanzen, die die meisten Früchte in guter Qualität bringen. Die erste Jungpflanze am Ausläufer eignet sich am besten zur Vermehrung. Nicht benötigte Ausläufer sollten laufend entfernt werden.

Erdbeeren pflanzen

Im Erdbeerbeet wird ca. 2 cm Reifekompost aufgebracht und seicht in den Boden eingearbeitet. Erdbeeren sollten im August gepflanzt werden, dann gibt es im nächsten Jahr bereits eine gute Ernte.

Erdbeeren brauchen von Beginn der Blüte bis Ernteschluss viel Wasser. Sie sind Starkzehrer und brauchen daher auch entsprechend Nährstoffe.

Erdbeeren ernten

Vorteilhaft pflückt man sie in den frühen Vormittagsstunden. Der Tau sollte schon abgetrocknet sein. Nicht im regennassen Zustand oder in der Mittagshitze ernten. Die Beeren sorgsam mit einer Hand pflücken, während die andere den Fruchtstand hält. Wer schonend erntet, erntet mehr.

Rückschnitt nach der Ernte

Die Pflanzen werden gleich nach der Ernte so weit wie möglich zurückgeschnitten. Die Herzblätter müssen jedoch bleiben. Anschließend wird das Beet gelockert und Unkraut entfernt. Auch der Humusgehalt des Bodens wird abgebaut und sollte durch Kompost ergänzt werden. Danach wird gut angegossen.

Um Bodenmüdigkeit zu vermeiden, dürfen nie Erdbeeren nach Erdbeeren gepflanzt werden.

Die beste Erdbeere der Welt, Mieze Schindler.

Mieze Schindler hat überlebt

1925 züchtete Prof. Schindler in Brandenburg eine richtige Erdbeerdelikatesse, die er nach seiner Frau benannte, Mieze Schindler. Die dunkelrote, weiche Frucht hat ein besonders pikantes Aroma, ist aber nicht haltbar. Deshalb wäre sie fast ausgestorben. Überlebt hat sie in Schrebergärten in Ostdeutschland.

Sie reift spät und braucht andere Sorten wie Senga Sengana zur Befruchtung.

Erdbeeren verjüngen

Erdbeeren werden meist zweijährig kultiviert. Wer allerdings seine Erdbeeren nach der Ernte verjüngt, kann sie drei Jahre im Garten haben, ohne dass die Früchte kleiner werden, der Geschmack nachlässt oder die Krankheitsanfälligkeit steigt.

Spätestens nach drei Jahren sind die Pflanzen auch bei bester Pflege so vergreist, dass es besser ist, sie durch neue zu ersetzen.

Die Gattung Erdbeeren, Fragaria, besteht aus ca. 20 Arten. Gartenerdbeere Fragaria ananassa, Walderdbeere F. vesca, Moschuserdbeere F. moschata, Chile-Erdbeere. F. chiloensis, Scharlacherdbeere F. virginiana, Knackelbeere F. viridis und einige asiatische Arten.

Sortenvielfalt

Neben Monatserdbeeren gibt es viele Kreuzungen der so genannten Ananas-Erdbeeren, einige davon tragen öfter. Manche Sorten können auch als Spalier oder hängend in Ampeln oder Balkonkästen gezogen

Rarität

Vor 1900 entstand in Philadelphia die ‚Weiße Ananas', eine naturfarbene Erdbeere mit rosa Bäckchen und einem intensiven, ganz eigenen Aroma.

Erdbeerwiese als Bodendecker. Blüht schön und trägt reiche Früchte.

Rote Ribisel, Ribes rubrum, Weiße Ribisel, Ribes sativa, Schwarze Ribisel, Ribes nigrum.

Schwarze Johannisbeeren haben einen hohen Vitamin C-Gehalt. Sie wirken roh verzehrt oder als Saft getrunken entwässernd und regen den Stoffwechsel an. Sie fördern die Durchblutung, stärken die Abwehrkräfte und helfen bei Erkältung.

Säulchenrost

Der Pilz Cronartium ribicola überwintert an fünfnadeligen Kiefern. An der Unterseite von Ribiselblättern erscheinen im Sommer rostfarbene Pusteln.

Schachtelhalmbrühe spritzen. Wermut zwischen die Ribiseln pflanzen.

Johannisbeer-Gallmilben

Die befallenen Knospen schwellen um das mehrfache an. Die Milben befallen dann die jungen Blätter.

Befallene Knospen ausbrechen.

Johannisbeere, Ribisel

Johannisbeeren haben diesen Namen erhalten, weil sie um den Johannistag, den 24. Juni, reifen. An halbschattigen Stellen sind die Ribisel auch im Juli noch lange zu ernten. Johannisbeeren werden besonders zu Marmeladen und Säften verarbeitet.

Bei Pflanzung verschiedener Sorten ist der Ertrag besser.

Johannisbeeren sollten gleich nach der Ernte geschnitten werden, wobei bei den weißen und roten Sorten die alten Triebe an der Basis entfernt werden. Jedes Jahr wird ein Viertel der Triebe entfernt, d. h. jeweils die vierjährigen.

Personen mit Zuckerproblemen sollten sich für schwarze Johannisbeeren entscheiden und Diätmarmelade daraus machen. Nicht nur die Früchte zeigen wohltuende Wirkung, oft auch die Blätter und andere Pflanzenteile. Seit Urzeiten werden die Blätter für Tees verwendet.

Schwarze Ribiseln werden 10 cm tiefer gepflanzt. Sie fruchten vorwiegend am einjährigen Holz. Sie werden daher auf einjährige Triebe abgesetzt. Oberhalb eines einjährigen Triebs den alten entfernen.

Stachelbeere

gibt es in Grün, Gelb oder Rot, mit glatten oder rauen Früchten.

Ribes uva-crispa

Besserer Ertrag bei Pflanzung verschiedener Sorten.

Mehltau

Man kann mit Schachtelhalmtee spritzen. Es empfiehlt sich, mehltauresistente Sorten zu pflanzen.

Jostabeere, Jochelbeere

Die guten Eigenschaften von Schwarzer Johannisbeere und Stachelbeere verbindet die Jostabeere. Sie ist hervorragend geeignet zur Herstellung von Marmeladen und Säften.

Ribes nidigrolaria. Eine Kreuzung aus Johannisbeere und Stachelbeere.

Heidelbeere, Schwarzbeere

In lichten Wäldern findet man die blaufärbende Beere oft in Massen. Für den Garten sind Kreuzungen, Kultursorten und Hybriden der Amerikanischen Heidelbeere interessant.

Waldheidelbeere

Heidelbeere, Vaccinium myrtillus. In der Volksmedizin werden die Heidelbeerblätter gegen Durchfälle, Blasenschwäche, Husten und Magenbeschwerden genutzt. Die frischen Heidelbeeren sind reich an Vitamin C und an Mineralstoffen und können abführend wirken.

Gartenheidelbeere

Mit ihrer Fülle an nicht färbenden Beeren kommen die Kulturheidelbeeren den Versprechungen der Gartenkataloge nahe.

Gartenheidelbeeren, V. corymbosum, brauchen sauren Boden. pH-Wert etwa 4,5. Düngen mit Laubkompost, Mulchen mit Sägespänen oder Fichtennadeln. Netze erschweren den Vögeln die Ernte.

Vaccinum uliginosus. Trunkelbeere.

Rauschzustände nach dem Genuss können auf Pilze an den Beeren zurückzuführen sein.

Rauschbeere

Mit der Heidelbeere könnte man diese Beere verwechseln, die jedoch kein blaues Fruchtfleisch hat. Es gibt Widersprüche über die Giftigkeit.

Europäische Preiselbeere, Vaccinium vitis-idaea.

Preiselbeere

Als Kompott zu Fleisch- und Wildgerichten beliebt, ist die Preiselbeere überaus gesund.

Moosbeere, Vaccinium oxycoccos.

Moosbeere

Bis zu einem Meter weit kriechen die Stängel der Moosbeere über den Boden.

Großfruchtige Moosbeere, Kranichbeere, Kronsbeere. Vaccinium macrocarpon.

Der Bodendecker bildet bis zu einen Meter lange Triebe und mag nur kalkarmen Boden. Der Boden muss ständig feucht sein. Mulchschicht aus Rindenmulch. Halbschatten. Vermehrung durch Absenker oder Stecklinge.

Cranberry

Es gibt ca. 130 Sorten. Cranberry-Produkte hemmen das Wachstum vieler krankheitserregender Mikroorganismen. Auch wird nachgewiesen, dass sie eine positive Wirkung auf Blase und Nieren haben.

Immer beliebter werden Cranberries, eine großfruchtige Moosbeere, deren Früchte in rohem Zustand bitter sind, die sich aber gut zu Marmelade oder Kompott verarbeiten lassen. Die rohen Beeren lassen sich monatelang im Kühlschrank aufbewahren.

Die Erntemethode ist spektakulär. Die Felder in den USA und Kanada werden während des ‚Indian Summer' geflutet, die Beeren mit speziellen Maschinen vom Busch getrennt. Dann werden hunderttausende Tonnen der schwimmenden Moosbeeren abgesaugt.

Himbeere

Neben gelbfrüchtigen Sorten gibt es auch schwarze, die lange Ruten wie eine Brombeere treiben.

Seine schwarzen Himbeeren, Black Jewel, zeigt Andreas Aichinger in seinem Garten in Gschwandt.

Wer Himbeeren pflanzen möchte, sollte an die herbsttragenden Sorten denken, da es bei diesen keine wurmigen Früchte gibt, weil zur Blütezeit der Himbeerkäfer nicht mehr fliegt. Außerdem gibt es kaum Rutenkrankheiten.

Rubus idaeus.

Gegen Ende der Blütezeit im Juni mit abgelagertem Mist, Kompost, Hornspänen, Knochenmehl o.ä. düngen. Mulchen. Viele empfehlen eine Unterpflanzung mit Maiglöckchen.

Schnitt

Bei den Himbeeren, die herbsttragenden Sorten ausgenommen, sind nach der Ernte alle Ruten, die gefruchtet haben, an der Basis zu entfernen. Die jungen Ruten können um ein Drittel gekürzt werden, überzählige und schwache Triebe werden entfernt. Himbeeren tragen vorwiegend am einjährigen Holz. Sollten junge Triebe auch schon die Rutenkrankheit haben, sind diese zu entfernen.

Bei den herbsttragenden Sorten sind erst nach dem ersten Frost alle Triebe am Boden abzuschneiden.

Brombeere

Die Kletterpflanze braucht ein Gerüst oder einen Zaun. Dornenlose Sorten erleichtern die Ernte und den Schnitt.

Die Brombeeren, Rubus fruticosus agg., Rubus ulmifolius, enthalten Vitamin C, Kalium, Magnesium, Kupfer und sekundäre Pflanzenstoffe. Sie haben einen hohen Anteil an Bioflavonoiden im Fruchtfleisch. Das sind Pigmente, die Pflanzen ihre Farbe geben.

Bioflavonoide

schützen das Vitamin C und auch das Stresshormon Adrenalin vor Oxidation. Sie hemmen die Ausschüttung von Histamin im Körper. Außerdem sind sie in der Lage Kupfer zu binden. Erhöhte Konzentrationen an Kupfer können zu nervöser Unruhe führen. Die Früchte bieten somit einen guten Schutz für unser Immunsystem und kräftigen das Bindegewebe und die Venen. Brombeeren werden daher zur Vorbeugung von Krampfadern empfohlen.

Brombeeren, da sie später blühen, nach der Vollblüte düngen. Die abgetragenen Ruten nach der Ernte bodennah entfernen. Im Mai kann man die Fruchtruten einkürzen.

Rutenkrankheit

Der Pilz Didymella applanta überwintert an befallenen Ruten. Er verursacht bläulich violette Flecken. Die Rinde stirbt ab. Abgetragene Ruten tief ausschneiden und vernichten. Bei Himbeeren Herbstsorten pflanzen.

Loganbeere. Rubus loganobaccus. Boysenbeere. Rubus ursinus idaeus. Marionbeere. Andenbrombeere. Rubus glaucus.

Taybeere, Loganbeere

Die Kreuzung aus Himbeere und Brombeere kam 1962 auf den Markt und wurde nach dem schottischen Fluss Tay benannt. Die deutlich sauren Früchte der robusten Pflanze werden eher zum Einkochen verwendet.

Die Loganbeere entstand 1881 in Kalifornien.

Rubus phoenicolasius. Schmeckt weinsäuerlich.

Japanische Weinbeere

Immer einen Versuch wert.

Humosen, kalkreichen Boden mag die Weinbeere, die etwas frostempfindlich ist. Jeder mag die bis zu 2 cm großen, orangeroten Früchte, die sechs Wochen lang geerntet werden können.

Weintraube

Nur wenige Obstarten erfüllen die Kriterien ‚gesund' und ‚schön' zu sein. Die Weintraube ist ein solcher Glücksfall.

Hier lässt es sich leben und die Trauben hängen auch nicht zu hoch. Bei Fam. Aicher in Frankenburg.

Mit den neuen resistenten Sorten, die gute Erträge liefern, lassen sich Rebstöcke ohne aufwändigen Pflanzenschutz an Hauswänden oder an einer geschützten Pergola ziehen.

Viele gute Sorten sind auch außerhalb der Weinbaugebiete kultivierbar. An den Boden stellen die Reben keine besonderen Ansprüche. Reben wurzeln sehr tief, wodurch ältere Pflanzen sich aus dem Untergrund ausreichend mit Wasser versorgen können.

Schnitt der Weinreben

Weinreben fruchten am einjährigen Holz. Mit dem Schnitt wird geregelt, ob man mehr oder weniger, süße oder saure Trauben erntet.

Beim Wechselschnitt wird der weiter weg vom Stamm stehende Trieb weggeschnitten, der nähere nach dem zweiten Auge gekürzt.

Edle Weinrebe

Vitis vinifera vinifera. Ihre Trauben gelten aufgrund ihrer Inhaltsstoffe als vollwertiges Lebensmittel. Trauben regen die Darm- und Nierentätigkeit an und wirken Tumoren, Arteriosklerose und Bluthochdruck entgegen.

Reben für jeden Boden

Mit Veredelungen auf entsprechenden Unterlagen ist es möglich, den jeweiligen Bodenverhältnissen gerecht zu werden. Es gibt stark wachsende, gut kalkverträgliche Unterlagen, auch für nährstoffarme, trockene Standorte. Resistente Sorten erkranken nicht an Echtem und Falschem Mehltau.

Lassen Sie sich von einer guten Baumschule beraten, damit Sie für die vorgesehene Lage und dem vorhandenen Boden die beste Rebensorte erhalten.

Mehltau

Nach der Blüte treten bei empfindlichen Sorten häufig Mehltauinfektionen auf.

Das Ausschneiden und Entfernen befallener Triebspitzen ist die sicherste Form der Bekämpfung.

Weinreben bluten,

wenn sie zu spät geschnitten werden, d.h. aus den Schnittstellen läuft Wasser aus. Deshalb früh im Jahr schneiden.

Zieräpfel eignen sich gut für Kompott.

Zieräpfel gibt es in verschiedenen Züchtungen. Sie stammen aus Asien und sind eigentlich kein Wildobst. Neben den kirschgroßen Äpfelchen bezaubern sie uns mit ihren prachtvollen Blüten.

Zum Wildobst zählen Klassiker wie Holunder (Sambucus nigra), Zierpflanzen wie die Scheinquitte (Chaenomeles sp.), exotische wie die Pawpaw (Asimina triloba) oder solche, die für giftig gehalten werden wie die Vogelbeere (Eberesche, Sorbus aucuparia).

Im Handel werden immer mehr Beeren angeboten, die aus Nordeuropa, Amerika oder Asien stammen. Einige könnten, so wie die neuseeländische Kiwi, auch bei uns interessant werden.

Wildes Obst, wilde Beeren

Vergessen Sie das Wildobst nicht. Diese oft verkannten Obstarten enthalten besonders viele Inhaltsstoffe, die vor Herz- und Kreislaufstörungen schützen und die Immunabwehr stärken.

Wildobst sind alle Bäume und Sträucher, die essbare Beeren, Früchte, Nüsse oder Blätter tragen, vom Menschen aber nur wenig genutzt werden.

Der Kauf von großfrüchtigen Sorten lohnt sich. Studieren Sie Kataloge und suchen Sie die besten Sorten aus. Auch die Vögel werden es Ihnen danken.

Physalis peruviana. Kapstachelbeere, Judenbeere, Blasenkirsche. Das Nachtschattengewächs enthält viele Vitamine.

Andenbeere, Physalis

Die exotische Frucht wird immer öfter bei uns angebaut. Pflege ähnlich wie bei Tomaten.

Skandinavische Akerbeere, Rubus arcticus. Allackerbeere, Rubus arcticus var. stellarcticus.

Ackerbeere

Die Arctic Raspberry begeistert in Skandinavien mit ihrem süßen, intensiven Aroma. Die roten Früchte ähneln Himbeeren.

Apfelbeere, Aronia

Aus den schwarzen, süßlichen Beeren wird Saft gepresst, der als Anti-Aging-Getränk gehandelt wird.

Aronia melanocarpa, A. prunifolia. Die Pflanze enthält große Mengen an sekundären Pflanzenstoffen, unter anderem Polyphenole, die einen guten Schutz gegen freie Radikale bilden.

Polyphenole

sind auch in der Lage erhöhten Blutdruck zu regeln und wirken positiv auf Herz und Kreislauf. Weiters können sie Ablagerungen in den Gefäßen abbauen. Auch die moderne Krebsforschung beschäftigt sich bereits mit der Apfelbeere. Der Saft soll vor vorzeitiger Zellalterung schützen.

Ziemlich herb sind Früchte und Saft der ‚Wunderpflanze' aus dem östlichen Nordamerika.

Berberitze, Sauerdorn, Essigbeere

Die Früchte der Zierberberitzen sind nicht essbar. Die gesamte Pflanze enthält das Alkaloid Berberin, ausgenommen die korallenrote Beeren von zwei Sorten, die essbar sind. Die vitaminreichen Beeren sind reich an Fruchtsäure und können zu Marmelade verarbeitet oder getrocknet werden. Früher diente Berberitzensaft als Ersatz für Zitrone.

Berberis vulgaris. und Korea-Sauerdorn, B. koreana, sind essbar.

Büffeljohannisbeere

Der dornige Strauch der Indianer mit silbrig behaarten Blättern wird 3 m hoch. Nach den ersten Frösten werden die erbsengroßen Früchte süßer.

Shepherdia canadensis. Silberbüffelbeere, Shepherdia argentea.

Chinabeere

Die bis zu 5 m hohe Schlingpflanze ist pflegeleicht und trägt im September und Oktober reiche Früchte.

Schisandra chinensis. Wu-Wei-Zi bedeutet Frucht aus fünf Geschmäckern. Das Fruchtfleisch schmeckt süß und sauer, die Samen scharf, salzig und bitter.

Eberesche, Vogelbeere, Speierling

Strauch-Vogelbeeren sind russische Kreuzungen von Vogelbeeren mit Apfelbeeren, Mispeln und Dornarten.

Extrem winterhart. Reich an Vitamin C eignen sie sich für Säfte, Marmeladen und Schnäpse. Vogelbeerschnaps ist durch die geringe Ausbeute von nur 1,5 l pro 100 l Maische sehr begehrt.

Speierling, Elsbeere.

Essbare Eberesche, Sorbus aucuparia 'Edulis'. Speierling, Sorbus domestica. Elsbeere, Sorbus torminalis.

Feige

Es gibt Sorten, die ohne Bestäubung Früchte bilden. Feigen gedeihen bei uns im Weinbauklima.

Sie benötigen wenig Dünger und einen Rückschnitt vor dem Frühjahrsaustrieb. Das Entspitzen der Fruchttriebe führt zu früherer Reife.

Haus- oder Essfeige. Ficus carica domestica. Da ihr die männlichen Blüten fehlen, kann sie sich nicht alleine vermehren.
Die Befruchtung der Echten Feige erfolgt durch die Feigengallwespe, Blastophaga psenes, die zur eigenen Entwicklung die Bocksfeige, F. c. caprificus, braucht und die Essfeige bestäubt.

Felsenbirne

Der hohe Vitamin C-Gehalt, Mineralien und Ballaststoffe machen die Früchte für die Ernährung wertvoll.

Amelanchier ovalis. A. ballerina. A. lamarckii.

Gojibeere, Gemeiner Bocksdorn

Die „glückliche Frucht‘ ist die Beere mit den meisten gesundheitsfördernden Vitalstoffen, eine Vitaminkapsel in Form einer süßen Frucht.

Ein Nachtschattengewächs.

Lycium barbarum.

Mehr B-Vitamine als jede andere Frucht. 4.000 % mehr Antioxidantien als Orangen. Einzigartige Kombination an Mineralien, Spurenelementen und Aminosäuren.

Hagebutte

Sehr hoher Vitamin C-Gehalt und Lycopin machen Mus und Marmeladen zum gesunden Genuss.

Hagebutten der Hundsrose, Rosa canina.

Holunder

'Man ziehe vor dem Hollerbusch seinen Hut', heißt eine alte Volksweisheit, die sich auf die vielfachen Heilwirkungen aller Pflanzenteile bezieht. Der Verzehr unreifer Beeren verursacht Erbrechen, Durchfall und Magenbeschwerden.

Wer genug Platz hat, sollte sich für Holunder der Sorte Haschberg entscheiden.

Holunder darf wegen dem dichten Wurzelballen nie neben dem Gemüsegarten stehen.

Schwarzer Holunder, Sambucus nigra. Holunderblüten wirken schweißtreibend, fiebersenkend und schleimlösend. Holunderbeeren sind reich an Vitamin C und A.

Japanischer Blumenhartriegel

Die Sammelsteinfrucht ohne besonderen Geschmack ist essbar. Der Strauch besticht jedoch durch seine auffälligen Hochblätter um die Blüten.

Cornus kousa.

Die Früchte der Amerikanischen Sorte, C. florida, reifen selten aus.

Kermesbeere

Die krautigen Pflanzen, die 1 bis 2 m hoch werden, sind bereits in einigen Gärten anzutreffen. Manche Arten können invasiv sein. Die meisten sind leicht giftig.

Die Kermesbeere kann auch im Garten als wirksames Mittel gegen Schnecken verwendet werden. Beim Gießen zersetzen die in den Keimen der Kermesbeere enthaltenen Saponine die Schleimhäute von Schnecken und deren Eier. Gleichzeitig steigt der pH-Wert im Boden.

Kermesbeere oder Asiatische Kermesbeere, Amerikanische Kermesbeere. Phytolacca acinosa Roxb., Phytolacca esculenta Van Houtte, P. pekinensis Hance.

Kiwi, Honigbeere

Bei den zweihäusigen Sorten braucht man weibliche und eine männliche Pflanze. Kiwi können 8 m in die Höhe wachsen. Sie sind nicht anfällig für Krankheiten und Schädlinge und sollen ähnlich wie Wein geschnitten werden.

Actinidia chinensis, syn. deliciosa-Starkwachsender Schlingstrauch. Japanische Honigbeere, Actinidia arguta. Kleinfrüchtige, sehr ertragreiche und frostharte Verwandte der Kiwi.

Kornelkirsche, Dirndlbeere

Cornus mas. Großfruchtige Auslesen wie ‚Jolico' oder ‚Kasanlak' brauchen zur Befruchtung ‚Mascula' oder die Wildform.

Der markante Frühlingsblüher erfreut mit seinen gelben Blüten nicht nur die Bienen. Aus den vitaminreichen Früchten kann Marmelade gekocht werden. Bleiben sie am Strauch, leben 15 Vogelarten davon.

Frische Knospen in Butter geröstet passen gut über den Salat.

Krähenbeere

Schwarze Krähenbeere, Empetrum nigrum, ein Heidekrautgewächs. Sie enthält doppelt so viel Vitamin C wie Heidelbeeren und wird auch als Ergänzung zur diesen in der Saftproduktion als Farbmittel verwendet.

In Skandinavien und Grönland werden die Beeren gerne als Kompott gegessen.

Kratzbeere

Die wenigen, bereiften blauen Einzelsteinbeeren fallen leicht auseinander. Sie schmecken fade und säuerlich.

Rubus ceasius.

Sie sieht aus wie die Brombeere. An Wegrändern, lichten Gebüschen, Ufern und Aufwäldern bildet sie Ruten von nur 30 bis 60 cm.

Mandel

Prunus dulcis. Steinfrüchte.

Wo Mandelbäumchen als schöner Frühlingsschmuck wachsen, könnten auch die Fruchtsorten wachsen, wenn es im Winter nicht kälter als –15 Grad wird.

Maibeere

Lonicera caerulea kamtschatica, Sibirische Honigbeere, Sibirische Blaubeere, Doppelbeere, Lenzbeere. Hoher Vitamin C-Gehalt.

Die süßen Früchte ähneln Zwetschken, schmecken nach Heidelbeeren und man kann sie schon im Mai naschen.

Der frostharte Strauch braucht normalen, humosen Gartenboden. Nach der Ernte werden die zweijährigen Triebe an der Basis abgeschnitten.

Maulbeere

Der Strauch treibt spät aus und wird bis zu 6 m hoch. Die himbeergroßen, schwarzroten Früchte haben einen würzig süßen, angenehmen Geschmack.

Morus nigra. Schwarze Maulbeere. Später Austrieb im Mai.

Morus alba. Weiße Maulbeere. Wird zur Seidenraupenzucht verwendet.

Mehlbeere

Roh gegessen verursacht sie Magenbeschwerden. Manche machen Saft daraus.

Echte Mehlbeere. Sorbus aria.

Mispel, Asperl

Die Früchte werden erst nach Frosteinwirkung und einer mehrwöchigen Lagerung wohlschmeckend. Sie werden auch zur Förderung der Verdauung eingesetzt.

Mespilus germanica.

Moltebeere

Roh ist die Cloudberry bitter und sauer, daher wird sie in Skandinavien zu Marmelade, Likör, Essig und Bier verarbeitet.

Rubus chamaemorus.

Papau, Indianerbanane

Die Pawpaw aus Nordamerika hat 5 bis 10 cm lange Früchte und weiches, cremiges Fruchtfleisch.

Neben herrlichen Blüten zeigt der 3 - 4 m hohe Strauch im Herbst goldfarbene 30 cm lange Blätter.

Asimina triloba. Pawpaw. Fleischige Früchte mit Bananengeschmack.

Papaus gedeihen bei uns im Weinbauklima bis –20 Grad auf saurem Boden. Anfangs drinnen überwintern. Nicht der direkten Sonne aussetzen.

Sanddorn, Hippophaë rhamnoides, braucht mageren Boden und volle Sonne. Er wuchert durch zahlreiche Wurzelsprosse. Die Saftfrucht hat auch hohen Zierwert. Zur Befruchtung braucht man eine männliche Pflanze.

Sanddorn

Die Früchte des weiblichen Strauchs, der bis zu 3 m hoch wird, enthalten sehr viel Vitamin C. Nur Hagebutten haben einen höheren Wert.

Schlehen sind beliebt für Liköre wie den baskischen Patxaran, der mit Anislikör angesetzt wird.

Schlehe

Ernte nach dem Frost für Wein, Schnaps, Likör, Kompott, Marmelade, Gelee und Sirup. Früher wurde aus der Rinde des Schlehdorns Tinte gewonnen.

Prunus spinosa. Aus den vitaminreichen, herb süßen Früchten kann Mus gekocht und gegen Appetitlosigkeit genommen werden.

Nicht verwechseln mit dem giftigen schwarzen Nachtschatten, Solanum nigrum!

Solanum, Wonderberry

Die süße Sorte ist vital, sie neigt zum Verwildern.

Solanum burbankii ist süß. Die Wonderberry ist eine Kreuzung zwischen Solanum villosum und S. guineense. Solanum melanocerasum ist sauer.

Sambucus racemosa. Die Samen der vitamin- und pektinreichen, korallenroten Früchte enthalten das giftige Sambunigrin und sind bei der Geleeerzeugung zu entfernen.

Traubenholunder

Der Rote Holunder wächst auf kalkarmen, steinigen Böden und in Wäldern.

Prunus padus. Das Fruchtfleisch ist ungiftig, Die Samen enthalten Blausäureglycoside, die zu Vergiftungen führen können.

Traubenkirsche

Schon im Altertum wurden die Früchte als Obst gegessen und Mus daraus hergestellt.

7. Der Obstgarten

Wenig Platz aber ein bisschen Pflege braucht so ein Obstspalier.

Saftige Äpfel, süße Birnen, rote Kirschen und goldgelbe Marillen schmecken direkt vom Baum gleich noch einmal so gut.

Gravensteiner, eine altbewährte Sorte.

Vitaminreiches, noch dazu ungespritztes Obst zu ernten ist eine wahre Freude. Beachtet man einige Regeln, steht einer guten Ernte nichts mehr im Weg.

Richtige Sorten wählen

Wer süße, goldgelbe „Golden Delicious" in seinem Garten ernten möchte, aber weit weg vom Weinbauklima wohnt, wird nur in ganz heißen Jahren Freude mit diesem Apfelbaum haben, meist wird er nur schorfige, saure Früchte ernten. Es kommt daher sehr auf die Auswahl der richtigen Sorten an.

Discovery, eine Entdeckung.

Obst, ein Genuss

Lassen Sie sich beim Baumkauf kein X für ein U vormachen. Eine interessante Spalierform mit sich kreuzenden Bäumen.

Fassen Sie sich ein Herz und pflanzen Sie Obstbäume im Garten.

Obstbäume sollten nur in guten Baumschulen gekauft werden, in denen die Bäume selber gezogen werden. Importierte Ware entspricht nicht unserem Klima und auch nicht unseren Bodenverhältnissen.

Befruchter

Jeweils zwei Apfel- oder Birnbäume in unmittelbarer Nähe pflanzen, wenn nicht gerade welche in der Nachbarschaft stehen.

Viele Steinobstsorten brauchen ebenfalls einen Befruchter. Durch Veredeln gleich auf den Baum pfropfen.

Entscheidend ist der Geschmack, der sich unter der verführerischen Hülle im erfrischenden, süßen oder auch angenehm säuerlichen Fruchtfleisch verbirgt.

Obst kann auf Grund seiner Aromastoffe und seines ausgewogenen Verhältnisses von Säure und Süße als Genussmittel angesehen werden. Obst ist vitamin- und mineralstoffreich und daher ein bekömmliches Nahrungsmittel.

Gesunde Bäume kaufen

Beim Kauf von Obstbäumen ist besonders auf die Sorte zu achten. Sie sollte den Besitzern besonders gut schmecken.

Da wir auf biologisches Obst Wert legen, ist auch auf die Resistenz gegen verschiedene Pilzkrankheiten zu achten. Je besser und robuster der Zustand einer Pflanze ist, umso mehr kann sie schädlichen Einflüssen trotzen.

Standort und Abstand

Besonders in kleinen Gärten ist auf Licht- und Platzbedarf der Bäume zu achten, schließlich kann ein Nussbaum leicht 15 Meter hoch werden und eine Menge an Schatten und Laub produzieren. Außerdem fallen jedes Jahr Menschen unnötig von viel zu hohen Kirschbäumen.

Der Pflanzabstand hängt im Wesentlichen von der Unterlage und der Baumform ab. Buschbäume sind meist auf schwach- bis mittelstark wachsender Unterlage veredelt.

Unterlage ist die Wurzel, auf die veredelt wurde.

Wenn der Pflanzabstand zu eng gewählt wurde, entsteht Lichtmangel. Die Folge ist Geilwuchsanfälligkeit, wodurch sich zahlreiche Wasserschosse bilden. Dadurch ist die Entwicklung von Blütenknospen unbefriedigend.

Stammformen, Kronenformen

Kleinwüchsige Bäume bevorzugen

Kleinwüchsige Bäume bringen viele Vorteile. Der vorhandene Platz kann für mehrere Bäume genutzt werden. Trotzdem sollten sie genügend Licht bekommen. Der Abstand zwischen den Bäumen richtet sich nach Wuchsform, Größe und Bodenverhältnissen.

Wie groß ein Baum wird, hängt stark von der Unterlage ab, auf der er veredelt ist. Die Wurzeln sind also von einem anderen Baum, der besser mit den Bodenverhältnissen zurecht kommt. Gute Baumschulen geben gerne Auskunft, ob ein Baum für ein bestimmtes Klima geeignet ist und wie stark er wachsen wird.

Buschbäume werden auch als Niedrigstamm und Viertelstamm bezeichnet. Sie werden bis 3,5 m hoch und haben schon im zweiten Jahr Früchte. Sie brauchen ein Leben lang einen Pfahl als Standhilfe.

Stabile Pflöcke haben diese Buschbäume im Klostergarten der Franziskanerinnen in Vöcklabruck.

Buschbäume sind auf mittelstark wachsenden Unterlagen veredelt. Äpfel auf MM 106, die gut für durchlässige, lockere Böden ist, aber anfällig gegen Wurzelersticken. M26 verträgt Trockenheit, ist also schlecht geeignet für zu feuchte Böden.

Die Bezeichnungen M und MM deuten auf den Entstehungsort East Malling oder Merton & Malling in England hin.

Birnenbuschbäume werden auf Quitte A veredelt, Kirschen auf Colt, Weiroot 158 oder Gisela 5, Pflaumen, Zwetschken und Renekloden auf St. Julien und Fereley.

Spindeln wachsen auf sehr schwachwüchsigen Unterlagen. Äpfel auf M9 oder M26, Birnen auf Quitte A, Kirschen auf Colt, Weiroot oder Gisela 5.

Spindelspalier.

Wandspalier in Ebensee.

Apfel-, Birnenhalb- und -hochstämme wachsen auf starkwachsenden Unterlagen, die aus Samen gezogen wurden. Kirschen auf Vogelkirsche und F12/1, Zwetschken auf St. Julien INRA.

120 cm Stamm hat der Halbstamm etwa.

Imposante, breite Pyramidenkrone.

Spindelbuschbäume werden bis zu 2,5 m hoch und tragen je nach Sorte schon im ersten Jahr. Sie müssen angebunden werden.

Spindel. Der dominante Mitteltrieb ist mit Fruchtästen garniert. Diese tannenförmige Kronenform eignet sich für schwachwachsende Unterlagen. Enge Spindeln und Schnurbaum sind etwas für Spezialisten.

Spalierbäume sind in Form geschnittene und an Formgestelle gebundene, platzsparende Obstbäume. Spindelbuschbäume sind am besten geeigenet, auch für **Obsthecken.**

Längskrone. Spalier. Ein Mitteltrieb und 2 Leitäste verlaufen entlang der Baumreihe oder parallel zur Wand.

Halbstämme haben eine Stammhöhe von 120 cm bis 160 cm bis zu den unteren Leitästen und werden leicht 12 m hoch. Pflanzabstand 7 m. Erste Erträge ab dem vierten Standjahr, dafür wird der Baum 60 - 100 Jahre alt.

Hochstämme haben eine Stammhöhe von 180 cm und werden mit 8 m Abstand gesetzt. Sie eignen sich für Streuobstwiesen und Alleen.

Kronenformen bei Buschbäumen, Halb- und Hochstämmen

Pyramidenkrone. Rundkrone. Um den Stamm sind drei bis vier Leitäste angeordnet. Für mittelstark bis stark wachsende Bäume.

Hohlkrone. Trichterkrone. Der Mitteltrieb fehlt. 3, max. 4 Leitäste. Bei Sauerkirschen und Pfirsichen gebräuchlich. Schwere Leitäste brechen leicht aus.

Obstbäume pflanzen

Beste Pflanzzeit sind Frühherbst und Frühjahr.

Herbstpflanzung

Nach dem Laubfall beginnt die Pflanzzeit für Obstgehölze. Eine Pflanzung im Herbst hat wesentliche Vorteile gegenüber der Frühjahrspflanzung.

Die Wurzeln der Pflanzen werden durch den Regen und Schnee während des Winters richtig eingeschlämmt und wachsen im Frühjahr viel schneller weg als im Frühling gepflanzte Bäume.

Frühlingspflanzung

Wer im Herbst eine Pflanzung von Obstbäumen nicht erledigen konnte, kann dies im Frühling machen. Im April kann noch Kernobst gepflanzt werden.

Pflanzgrube und Pflock

Die Baumgrube sollte einen bis eineinhalb Meter Durchmesser haben und zwei Spatenstiche tief sein.

Der Unterboden wird getrennt gelagert. Der Boden in der Pflanzgrube sollte dann mit einer Grabgabel noch etwas gelockert werden.

Zuerst wird ein Baumpflock an jener Seite eingeschlagen, von der die größere Gefahr durch Wind oder Autos droht.

Solange der Boden nicht gefroren ist, kann eine Herbstpflanzung von Obstbäumen vorgenommen werden. Auch Anfang November ist die Wurzelbildung noch sehr gut.

Die Haarwurzeln dürfen auf keinen Fall austrocknen. Wird ein Baum nicht gleich gepflanzt, ist dieser in Erde einzuschlagen. Vor der Pflanzung in einen Kübel mit Wasser stellen. Beim Setzen werden alle stärkeren und alle beschädigten Wurzeln angeschnitten.

Wegen ihrer hohen Winterfrostempfindlichkeit sollten Pfirsiche nicht zu früh gepflanzt werden. Auch Kiwis werden besser im Frühling gepflanzt.

Beim Pflanzen nicht auf den Pfahl vergessen!

Gibt es keine starken Winde, wird der Baumpfahl nach Süden gesetzt, damit er die Sonnenstrahlen im Spätwinter vom Stamm abhält, die zu Frostrissen führen können.

Zuerst kommt der Unterboden zu den Wurzeln, darauf der Oberboden.

Die Veredelungsstelle muss mindestens 5 cm über dem Boden sein.

Wird die Baumscheibe gemulcht, muss der Stamm frei bleiben.

Der Konkurrenztrieb ist ansatzlos zu entfernen.

Bäume einsetzen

Dabei wird der Baum gerüttelt und eingeschlämmt. Erde leicht festtreten. Mit Baumbinder und einer 8er Schleife wird der Baum am Pflock befestigt.

Vor dem Pflanzen schneiden

Der Spitzentrieb wird um ein Drittel gekürzt und der Konkurrenztrieb ganz entfernt. Die drei bis vier Leitäste werden ebenfalls um ein Drittel eingekürzt, das letzte Triebauge muss nach außen zeigen. Stärkere und beschädigte Wurzeln werden angeschnitten. Dadurch erfolgt eine bessere Verzweigung.

Obstbäume schneiden

Saftwaage

heißt es, wenn die Leitäste in annähernd gleicher Höhe enden. Der Stamm bleibt etwas höher. Dadurch sollen alle Leitäste gleichmäßig austreiben.

Wuchsgesetz 1: Je aufrechter ein Zweig wächst, desto stärker treibt er aus.

Starkes Wachstum nach oben. Die Leitäste auf 45 Grad spreizen.

Auf ein nach außen zeigendes Auge schneiden. Die zweite Knospe mit dem Fingernagel wegzwicken.

Die Baumkrone aufbauen

In den ersten Jahren werden die Grundlagen für den späteren Wuchs geschaffen. Ziel der Pflegemaßnahmen ist eine ausgeglichene Entwicklung von Trieb- und Blütenbildung.

Wuchsgesetze beachten

Alle Pflanzen wachsen grundsätzlich zum Licht hin, also meist nach oben. Wachstum und Fruchtbarkeit eines Baumes werden durch die Neigung der Triebe, ob flach oder steil, beeinflusst.

Der flachere Trieb bleibt stehen. Helmut Stundner wird gleich den steilen Trieb wegschneiden.

Wie viel von einem Baum weggeschnitten wird, beeinflusst, wie stark ein Baum wächst.

Bei diesem Baum wurde mühsam jeder einzelne Zweig geschnitten. Im Sommer wird er stark austreiben und aussehen wie ein Besen.

Wuchsgesetz 2: Bei einem starken Rückschnitt kommt ein starker Austrieb.

Wer hier viel wegschneidet, erntet noch mehr „Besenreiser".

Zweige schneiden

Für den Schnitt wählt man ein gesundes, gut entwickeltes Auge, das in jene Richtung zeigt, in der der neue Trieb genügend Platz haben wird und sich nicht mit anderen Ästen kreuzt. Das ist immer ein nach außen stehendes Auge.

Der Zweig wird etwa fünf Milimeter über dem nach außen stehenden Auge abgeschnitten. Dadurch vertrocknet die Knospe nicht.

Astring

Beim Ansatz von Zweigen ist eine Verdickung. Darin befinden sich „schlafende" Augen, die nach Entfernung des Zweiges sofort anwachsen.

Auf Astring schneiden

Der Zweig oder Ast wird am kleinen Rindenwulst abgeschnitten, die ihn an der Basis umschließt.

Äste schneiden

Für stärkere Äste sind leicht schräge Schnitte vorzuziehen, weil so das Regenwasser ablaufen kann. Aufgestaute Feuchtigkeit begünstigt die Ansiedlung von schädlichen Pilzen.

Wunden verschließen

Je größer die Wunde, desto länger dauert die Überwallung. Wunden, größer als eine Euromünze, sollten mit einem guten Wundverschlussmittel verstrichen werden.

Im Gegensatz zu Baumwachs sind Wundverschlussmittel leichter anzuwenden, elastischer und enthalten ein Fungizid.

Die zerfranste Rinde mit einer Hippe glattschneiden.

Alois schneidet mit der Hippe nach.

Der richtige Zeitpunkt zum Schneiden von Obstbäumen ist der abnehmende Mond, am besten ein Fruchttag (Löwe, Schütze, Widder). Bei Minusgraden sollte nicht geschnitten werden.

So stark wachsende Bäume sollte man im Jänner noch nicht anrühren, erklärt Helmut Stundner.

Wuchsgesetz 3: Früh im Jahr schneiden heißt starker Austrieb.

Kaum Neuaustrieb. Früh schneiden.

Anfang Jänner sind erst ca. zehn Prozent der eingelagerten Vorratsstoffe in den Triebspitzen.

Im März oder April sind bereits bis zu siebzig Prozent der Vorratsstoffe, die für das Längenwachstum der Zweige verantwortlich sind, in den Triebspitzen. Jetzt geschnitten, verlieren die Triebe viel Wachstum.

Es dürfen also nicht alle Bäume eines Gartens am selben Tag geschnitten werden.

Schnittzeitpunkt

Grundsätzlich zeigt uns die Natur an, wann die beste Zeit für den Schnitt des jeweiligen Baumes ist.

Bei Schnee kann man durchaus Bäume schneiden. Alois Obermayr im Schlosspark Puchheim.

Schwachwüchsige Bäume sind im Jänner oder Februar zu scheiden, damit sie nicht zu viel von den eingelagerten Vorratsstoffen verlieren. Schwachwüchsige Bäume fruchten zwar gut, doch der Wuchs lässt meist zu wünschen übrig.

Vorratsstoffe

Für den Austrieb im Frühling speichert der Baum Reservestoffe in Form von Kohlenhydraten, Proteinen und Lipiden in Wurzeln, Stamm und Zweigen.

Starkwüchsige Bäume mit meterlangen Ruten dürfen nicht vor Ende März oder Anfang April geschnitten werden, damit sie viel von den Vorratsstoffen verlieren.

Dieser starkwüchsige Baum im Agrarium Steinerkirchen wird Ende März geschnitten.

Bäume, die nur jedes 2. Jahr fruchten

Sie blühen nur jedes zweite Jahr, also alternierend, und brechen dann förmlich unter der Last ihrer Früchte zusammen.

Diese Alternanz kann vor allem durch richtigen Schnitt durchbrochen werden. Auch das Ausbrechen junger Früchte und eventuell ein Sommerschnitt bringen die Bäume dazu, jedes Jahr Früchte zu tragen.

Pflanzschnitt

Der Pflanzschnitt garantiert ein besseres Anwachsen des Baumes und legt seine künftige Kronenform fest. Wurde der Schnitt bei der Pflanzung versäumt, so ist dieser unbedingt nachzuholen.

Erziehungsschnitt

Aufgabe des Erziehungsschnittes ist es, die Grundlagen des Pflanzschnittes weiterzuführen, so dass der Baum mit einer optimal aufgebauten Krone in das Ertragsalter kommt.

Die Pflege gilt in erster Linie den Leitästen, die durch mäßigen Rückschnitt ihre Wuchsrichtung beibehalten und dabei kräftiger werden sollen. Nach innen wachsende Äste werden jedes Mal entfernt.

Seitlich und an ihrer Unterseite sollen sich an ihnen und am Mitteltrieb gut verteilte Verzweigungen bilden, die als Fruchtäste die wichtigsten Triebe im Ertragsstadium darstellen.

Bäume sind vorausschauend

Die wachsenden Triebe und die Samen bilden Pflanzenhormone. Diese Phytohormone bestimmen schon früh, ob im kommenden Jahr aus einer Knospe eine Blüte, ein Blatt oder ein Trieb wird.

Blütenknospe *Blattknospen*

Der Schnitt von Buschbäumen

ist besonders wichtig, da diese Bäume eine relativ kurze Lebensdauer haben. Durch den Schnitt wird Wachsen und Fruchten geregelt.

Zweige, die ins Innere der Krone wachsen werden ansatzlos herausgeschnitten

Die Krone muss stets locker aufgebaut und gut belichtet sein. Nur so gibt es die wertvollen Sonnenfrüchte.

Hat sich der Baum einmal etabliert, beschränkt sich der Schnitt auf das Entfernen von toten oder beschädigten Ästen und auf das Auslichten zu dicht stehender Äste, damit Licht auch in das Innere des Baumes gelangt.

Wenn diese zwei aufrechten Triebe abgeschnitten werden, wachsen vier, fünf neue nach. Helmut Stundner erklärt, dass man diese neuen Jungtriebe im Juni am besten einfach abreißt. Handschuhe verwenden. Die entstehende Wunde ist nur klein, wächst schnell zu und es entstehen keine neuen Wassertriebe an dieser Stelle.

Wassertriebe

Bei einer zu waagrechten oder gar nach unten gerichteten Stellung der Leitäste bilden sich häufig steil nach oben wachsende Ständertriebe. Diese sollten immer ansatzlos abgeschnitten werden.

Bleibt der Astring stehen, treiben die schlafenden Augen aus. Dann hat man einen Trieb abgeschnitten und zwei oder drei neue Triebe folgen.

Es ist zweckmäßig, bei einem hohen Anteil der so genannten „Wasserschosse" nicht alle zu schneiden, sondern einen Teil waagrecht zu binden. Es wird damit dem starken Wachstum Einhalt geboten und die Bildung von Blütenknospen gefördert. Sie fruchten im nächsten Jahr. Sind dann die Kronen zu dicht, können diese Triebe beim nächsten Schnitt noch immer entfernt werden.

Alois setzt den Bogen auf einen neuen, aufrecht wachsenden Zweig ab.

Fruchtbögen

Ähnlich ist die Fruchbogenbildung bei älteren Bäumen, wo am Scheitelpunkt abwärts geneigter Leitäste neue, aufrecht stehende Fruchtäste entstehen.

Nach innen wachsende Äste schneidet er weg.

Erhaltungsschnitt

Dabei wird auf eine gut belichtete und belüftete Krone geachtet. Das Fruchtholz wird ständig verjüngt und erneuert.

Alle in das Innere der Krone wachsenden Äste und Zweige werden entfernt. Weiteres ist von zwei sich kreuzenden Ästen der ungünstigere zu entfernen.

Lichte Kronen

fördern das rasche Abtrocknen im Inneren der Baumkrone und beugen schädlichen Pilzen vor, die bekanntlich zu ihrer Vermehrung viel Feuchtigkeit benötigen. Auch die Ausfärbung der Früchte wird durch eine lichtere Krone begünstigt.

Verjüngungsschnitt

Ältere Bäume können durch kräftigen Rückschnitt wieder zum Wachsen und Fruchten gebrachnt werden. Etwa ein Drittel der Krone wird entfernt. In den Folgejahren muss weiter ausgelichtet werden.

Besondere Schnittformen

Pfirsiche, Sauerkirschen und Weintrauben tragen ihre Früchte am einjährigen Holz. Die alten Äste verkahlen. Deshalb wird ganz kurz auf zwei Augen geschnitten. Daraus entstehen zwei neue Zweige, von denen im Folgejahr einer ganz weggeschnitten wird und der andere wieder auf zwei Augen.

Der Pfirsichbaum vorher und nachher.

Beim Baumschnitt sollte auch die Rinde abgebürstet werden, da sich darin viele Schädlinge eingenistet haben.

Flechten schädigen den Baum nicht. Sie sind eine Symbiose von Algen und Schlauchpilzen.

Stammverlängerung und Leitäste um etwa ein Drittel ihres Volumens auf geeignete Seitenäste zurücknehmen.

Wahre und falsche Fruchttriebe

Beim Pfirsichbaum sollte man genau die runden Blütenknospen und die spitzen Blattknospen unterscheiden. Die falschen Fruchttriebe haben nur runde Blütenknospen und keine Blattknospen zur Ernährung der Früchte. Sie würden verkahlen und werden deshalb auf zwei Augen gekürzt.

Die wahren Fruchttriebe haben zwischen zwei Blütenknospen eine spitze Blattknospe. Die lässt man lang.

Schattenmorellen

sehen oft aus wie Trauerweiden. Die Peitschentriebe reichen bis zum Boden.

Fruchttragende Triebe nach der Ernte bis auf neue Jungtriebe zurückschneiden.

Kleine Wunden heilen schneller

Je jünger ein Baum ist, der geschnitten wird, desto wirksamer sind seine Heilkräfte und je jünger der neue Wuchs ist, der geschnitten wird, desto schneller verheilen seine Wunden. Triebe sollten daher geschnitten werden, bevor sie verholzen. Das kommt natürlich besonders beim Sommerschnitt zum Tragen.

Nach der Ernte schneiden

Im August kann ein Sommerschnitt durchgeführt werden. Wurden die so genannten Wasserschosse im Juni nicht abgerissen, sollten sie jetzt entfernt werden, damit die vorhandenen Nährstoffe für jene Teile des Baumes zur Verfügung stehen, die uns die Ernte bringen. Stärkere Äste, die ebenfalls nicht mehr benötigt werden, sollten jedoch erst beim Winterschnitt entfernt werden.

Im Sommer schneiden

Durch den Sommerschnitt erreichen wir eine bessere Belichtung besonders im Inneren der Krone. Dadurch wird die Assimilation gefördert und die Qualität der Früchte, nicht nur in der Farbe, sondern besonders im Geschmack, wesentlich verbessert.

Süß- und Sauerkirschen, Frühzwetschken und Marillen sollten nach der Ernte bis spätestens Anfang September geschnitten werden. Walnussbäume werden von August bis November geschnitten.

Umstrittener Sommerschnitt

Wegen des Feuerbrandes gehen allerdings die Meinungen über den Sommerschnitt auseinander. Die Ansteckungsgefahr ist größer, wenn dem Baum Wunden zugefügt werden. Daher ist es besonders wichtig, das Werkzeug nach dem Schnitt jedes einzelnen Baumes zu desinfizieren.

Obstbäume veredeln

Wenn Sie keine Reiser der gewünschten Sorte in der Nachbarschaft, bei Bekannten und Verwandten bekommen, wenden Sie sich zeitgerecht an eine Baumschule.

Leider veredeln viele Baumschulen nicht mehr selber, sondern kaufen die fertigen Bäume zu.

Wer einen Baum hat, mit dessen Sorte er nicht zufrieden ist oder von dem er zu viel erntet, sollte sich zu einer Umveredelung entschließen.

Schon nach zwei Jahren, können die ersten Früchte geerntet werden und nach ungefähr drei Jahren ist oft schon wieder eine schöne Krone hergestellt.

Durch Veredeln werden Liebhabersorten, regional typische Sorten und vor allem alte Sorten erhalten. Die sind meist nicht so anfällig gegen Krankheiten und man leistet damit einen Beitrag zur Erhaltung der Artenvielfalt.

Das Edelreis ist bereits angewachsen.

Edelreis

Nach dem Wintervollmond im Dezember kann man mit dem Schnitt von Reisern beginnen. Diese sollten von gesunden Bäumen, möglichst von der Sonnenseite geschnitten werden. Sonnenseite deswegen, da diese Triebe dort besser ausgereift sind.

Als Reiser werden nur einjährige Triebe von der gewünschten Sorte geschnitten. Sie sollen fünf einwandfreie Augen besitzen, davon nie eine Endknopse. Die Endknospe hemmt den Austrieb tieferstehender Knospen. (Apikaldominanz).

Reiser lagern

Die Zweige gibt man in ein Plastiksackerl mit dem Sortennamen. Hat man mehrere Sorten, kommen alle Sackerl in einen größeren Sack und die Reiser werden an der Nordseite des Hauses ca. 30 cm tief eingegraben. Wer einen guten Keller hat, kann den Sack in Sand legen und im Keller aufbewahren.

Alois' Tipp

Sind es nur einige Zweige, könnten diese auch im Gemüsefach des Kühlschrankes aufbewahrt werden. Doch bitte davon auch die Gattin aufmerksam zu machen, denn ich weiß zwei Fälle, wo die Gattin die „Steckerl" weggeworfen hat.

Wer sich selber mit Veredelung befassen möchte, findet bei den Siedlervereinen kompetente Ansprechpartner.

In kostenlosen Kursen wird Theorie und Praxis geboten und das Veredeln kann gleich selber ausprobiert werden.

Holzveredelungen

werden auch Winterveredelungen genannt, weil sie von Februar bis März durchgeführt werden solange sich die Rinde nicht löst. Es wird ins Holz gepfropft.

Die Temperatur sollte nicht unter - 5 Grad liegen.

Holzveredelungen haben den Vorteil der guten statischen Festigkeit und der kurzen Aufbewahrungszeit der Reiser.

Nicht bei nassem Wetter veredeln, auch wenn es laut Mondkalender gerade günstig wäre.

Der zu veredelnde Trieb und das Edelreis werden auf einer Länge von ca. 3 cm schräg geschnitten. Die Schnittflächen müssen ganz glatt sein und genau aufeinander passen. Schnittflächen dürfen niemals mit den Händen berührt werden!

Um sich nicht selbst zu verletzen, ist es ratsam, sich die richtige Schnitttechnik zeigen zu lassen.

Der zu veredelnde Trieb und das Edelreis werden auf einer Länge von etwa drei Zentimetern schräg abgeschnitten. Im unteren Drittel der Schnittfläche des Edelreises wird etwa bis zum Beginn des schrägen Schnittes ein senkrechter Schnitt gesetzt. Dadurch entsteht eine Zunge. Beim zu veredelnden Zweig geschieht das Gleiche im oberen Drittel der Schnittfläche. Dann steckt man die Zweige Zunge in Zunge zusammen und umwickelt die Veredelungsstelle am einfachsten mit Kreppklebeband. Die Spitze des Reises verschließt man mit einem Wundverschlussmittel.

Kambium ist die Wachstumsschicht zwischen Splintholz und Rinde und für das Dickenwachstum verantwortlich.

Der Ast wird auf ein verbleibendes Stück von ca. 20 Zentimeter abgeschnitten. Die Schnittfläche wird mit einer Hippe glattgeschnitten. Dem Ast schneidet man dann einen etwa drei Zentimeter langen Dreikantkeil heraus.

Kopulieren

Hat die Unterlage die Stärke des Edelreises, so wendet man das so genannte Kopulieren an.

Festigkeit erhält die Veredelung nur durchs Klebeband. Ein kleiner Vogel kann den Zweig abbrechen.

Probieren Sie diese Methode doch einmal und pfropfen Sie eine Gurke auf eine Kürbisunterlage.

Kopulieren mit Gegenzungen

Bei dieser Methode erreicht man eine wesentlich größere Festigkeit.

So wird die Gegenzunge geschnitten.

In diesen Spalt wird die Zunge des anderen Zweigs gesteckt.

Zusammenstekken. Kambium soll genau auf Kambium liegen.

Zwei Augen haben Zweige getrieben. Das Kreppband fällt von selbst ab. Verwendet man Bast zum Verbinden, muss er nach dem Anwachsen gelockert werden.

Geißfußpfropfen

Das Geißfußpfropfen wird bei dickeren Ästen angewendet und man kann bis zu 3 Reiser einsetzen. Es ist wohl die beste Veredelungsmethode, benötigt jedoch viel Übung.

Der Ast sollte schon beim Winterschnitt abgeworfen werden. Verbleibendes Stück 30 – 40 cm.

Keil ausschneiden, Reis einpassen, verbinden.

Das Messer wird mit der Schneide senkrecht am Pfropfkopf angelegt und mit festem Druck etwas schräg nach oben durchgezogen, wobei die Klinge oben mehr eingedrückt wird als unten. Mit dem gleichen Schnitt auf der anderen Seite kann der Keil herausgenommen werden. Dem Spalt entsprechend schneidet man das Edelreis dreikantig zu und steckt es in den ausgeschnittenen Keil.

Rindenveredelungen

werden auch Sommerveredelungen genannt. Sie sind erst ab April, Mai möglich, wenn sich die Rinde einwandfrei löst. Es wird hinter die Rinde gepfropft.

Die Rinde löst sich besonders bei Äpfel-, Birn- und Kirschbaum sehr gut. Bei Zwetschken- und Pflaumenbäumen warten wir, bis die Blüten offen sind, dann erst löst sich die Rinde.

Dickrindenpfropfen

Das Dickrindenpfropfen wird angewendet, wenn dickere Äste veredelt werden.

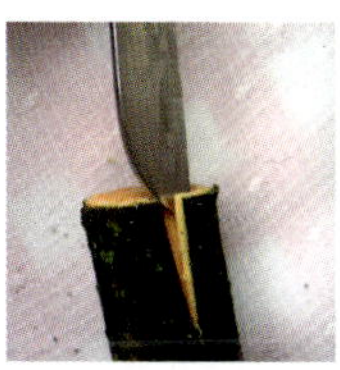

Man löst die Rinde zu einer Seite.

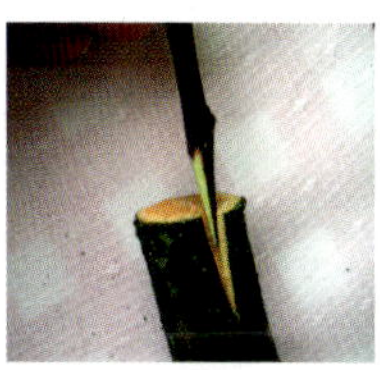

Beim Edelreis wird die Rinde an einer Seite entfernt.

Das Reis wird hinter die Rinde geschoben.

Wichtig ist, dass die Reiser richtig gelagert wurden und nicht angetrieben haben, denn sonst ist die Arbeit umsonst.

Der Pfropfkopf wird geglättet, dann ein bis fünf Zentimeter langer Längsschnitt in die Rinde geschnitten. Die Rinde wird einseitig gelöst. Das Edelreis erhält einen Schrägschnitt, dann entfernt man die Rinde an der Seite, an der es ganz eng ans Kambium des Pfropfkopfs anliegen soll. Dann wird das Reis hinter die Rinde geschoben und mit Kreppband umwickelt.

Je nach Stärke des Astes werden bis zu drei Reiser eingesetzt.

Nicht bei Regen, Sonnenschein und starkem Wind veredeln.

Augenveredelungen

werden bei Rosen, Zitruspflanzen und Walnuss angewendet.

Bei der Okulation auf ein schlafendes Auge wird im August ein Auge angesetzt, das im nächsten Jahr austreibt.

Obstbäume pflegen

Narzissen sollen Mäuse abwehren.

Wird der Baum größer, schützt eine Baumscheibe den Stamm vor dem Rasenmäher.

Besonders bei frisch gepflanzten Obstgehölzen sollte Stress durch Trockenheit oder Nährstoffmangel vermieden werden. Das Wasser soll aber auch zu den Wurzeln vordringen.

Nährstoffe für die Blattfabrik

Im Blatt nimmt das Chlorophyll Sonnenlicht auf und wandelt Wasser, sowie Kohlendioxyd in Kohlenhydrate um. Dieser Vorgang treibt den Pflanzenstoffwechsel an. Die Photosynthese vollzieht sich vor allem in den Blättern. Ihre Oberflächen enthalten Spaltöffnungen, durch die Sauerstoff und Kohlendioxyd aus- und eintreten kann. Dazu braucht die Pflanze gelöste Nährstoffe aus dem Boden im richtigen Verhältnis. Sind nicht genug vorhanden, müssen wir durch Düngung welche zuführen.

Bäume, die heuer rasten, benötigen diese Zusatzdüngung nicht.

Baumscheibe

Den Bereich um den jungen Baum zu mulchen, hält den Boden feuchter und versorgt die feinen Wurzeln mit Dünger. Die Baumscheibe wird nicht gehackt oder umgegraben.

Der Mulch sollte ab September entfernt werden, um nicht Wühlmäuse zu den jungen Wurzeln des Baums zu locken.

Gießen

In Gebieten mit schwacher Humusschicht sollten nach der Blüte Apfel- und Birnenbäume, besonders in Trockenzeiten, mit genügend Wasser versorgt werden.

Bäume düngen

Bäume mit starkem Fruchtbehang benötigen dringend Nährstoffe für die Fruchtausbildung, das Dicken- und Triebwachstum und den Blütenansatz für das nächste Jahr.

Fehlt es an Nahrung, dann geht das meist zu Lasten der nächstjährigen Blüten und Fruchtmenge. Nach einem Jahr mit übermäßiger Ernte folgt oft ein Jahr mit fast völliger Erntepause.

Jene, die eine Bodenuntersuchung machen ließen, wissen genau wann und was zur Düngung verwendet werden sollte, damit die Bäume die optimale Nahrung erhalten.

Da Pflanzen Nährstoffe nur in gelöster Form aufnehmen, ist es ihnen egal, aus welcher Quelle diese kommen. Organische Dünger wirken jedoch nachhaltiger.

Organische Dünger wirken langsam, da die Nährstoffe vom Bodenleben erst in pflanzenverträgliche Form umgewandelt werden müssen.

Düngezeitpunkt

Etwa Mitte Juni ist die richtige Zeit zum Düngen. Günstig ist eine flüssige Düngung mit Pflanzenjauche oder organischem Dünger.

Durch eine solche Düngung kommt die ganze Nahrung zu den Wurzeln und wird nicht vom Rasen oder der Wiese abgefangen.

Ende März bis Anfang April kann man etwas Kompost auf die Baumscheibe geben und unter der Krone 100 g Hornmehl pro m^2 verteilen, für Kernobst etwas weniger, für Steinobst etwas mehr.

Man verwendet dazu eine Grabgabel, mit der man jeden halben Meter Löcher in den Boden sticht und in die Öffnungen den Dünger gießt.

Auspflücken

Wenn der Blütenansatz bei den Bäumen sehr reich ist, sollte man bei den Busch- und Spalierbäumen auspflücken.

Wenn der Baum die ganze Kraft zum Ernähren der Früchte braucht, kann er keine Blütenknospen für das nächste Jahr ansetzen.

So haben wir im nächsten Jahr kaum Obst und der Baum strotzt vor Kraft und setzt wieder Blütenknospen in Mengen an. Und daraus ergibt sich die zweijährige Fruchtbarkeit, die man unbedingt vermeiden sollte.

Beim so genannten Junifruchtfall werden ohnehin eine Menge Früchte abgeworfen. Doch wenn man bei den niedrigen Bäumen gleich nach der Blüte auspflückt, stehen den verbleibenden Früchten mehr Nährstoffe zur Verfügung und sie werden besser ausgebildet.

Die Nährstoffe, die die Wurzeln in flüssiger Form aufnehmen, müssen erst durch die Blätter umgewandelt werden. Um eine Frucht richtig zu ernähren sind mindestens zehn bis zwölf erforderlich. Man braucht natürlich die Blätter nicht zu zählen, nur in Summe sollte es annähernd stimmen.

Leimringe anbringen

Leimringe am Stamm schützen vor Ameisen, die sich Blattlauskolonien halten, sowie vor Frostspannern.

Biologischer Pflanzenschutz

Spritzmittel aus Tee, Brühe und Kaltwasserauszug im Kapitel Boden.

Marienkäfer, wie Coccinella septempunctata, der Siebenpunktmarienkäfer, fressen bis zu 50 Läuse am Tag und mehrere Tausend in ihrem Leben. Es gibt Arten von 2 bis 24 Punkten. Unterarten ernähren sich auch von Mehltau- und Schimmelpilzen.

So sieht die Larve des Marienkäfers aus.

Australischer Marienkäfer, Cryptolaemus montrouzieri, wird gegen Wolläuse eingesetzt.

Florfliege, Chrysoperla carnea. Die Larven werden als Blattlauslöwen bezeichnet.

Öffnen Sie im März die Dachbodenfenster für die Florfliegen.

Schwebfliegen. Die verschiedenen Arten, haben hummel-, bienen- oder wespenähnliche Formen und Zeichnungen, nur ein Flügelpaar und können am Ort schweben.

Laufkäfer, 7 bis 30 mm lang sind die Laufkäfer, der Riesenlaufkäfer, Procerus gigas, erreicht 70 mm. Die nachtaktiven Räuber fressen auch Schnecken.

Raubmilben, Gamasida. Die kleinen Spinnentiere, 0,5 mm groß, saugen Spinnmilben, z. B. die Rote Spinne aus.

Nützlinge schonen

Einige Tiere tun nichts lieber, als Läuse, Schnecken und Raupen zu fressen. Sie helfen uns bei der Schädlingsbekämpfung, wenn wir ihnen den Lebensraum bieten, in dem sie sich wohl fühlen.

Schlupfwespen, Ichneumonidae, stechen Larven und Raupen an und legen ihre Eier hinein. Die Larven fressen diese Tiere von innen auf.

Ohrwürmer, Dermaptera, fressen mit Vorliebe Blattläuse, aber auch Mehltaupilze.

Einen mit Holzwolle gefüllten Blumentopf als Tagesversteck mit der Öffnung nach unten am Stamm anliegend aufhängen. Vor der Fruchtreife entfernen, da sich die Ohrwürmer auch an den reifen Früchten vergreifen.

Wanzen, Heteroptera. In Europa leben etwa 1.000 Arten. Die 1 bis 14 mm großen Tiere mit dem dreieckigen Schild zwischen den Deckflügeln ernähren sich von Pflanzensäften, einige sind räuberisch.

Igel. Erinaceus europaeus, der Braunbrustigel, braucht tagsüber Unterschlupf in Hecken, unter Laub und Ästen. Nachts jagt er Schnecken, Engerlinge, Würmer, Raupen, Mäuse und kleine Schlangen. Er mag auch Erdbeeren und Eier.

Vögel. Heckenbrüter wie Rotkehlchen, Finken und Zaunkönige benötigen heimische Gebüsche, um darin Nester zu bauen. Meisen und Rotschwänzchen brauchen als Höhlenbrüter ein Nistkästchen.

Das Flugloch südöstlich anbringen und den Kasten im zeitigen Frühjahr ausräumen.

Wildverbiss

Bitte vorsorgen, dass Wild nicht zu den Bäumen gelangen kann, die Rinde schädigt und so die Bäume bis zur Vernichtung abfrisst. Dazu sind Zäune vor allem unten zu kontrollieren, damit keine Hasen durchschlüpfen. Bei Windverwehungen ist der Schnee wegzuschaufeln, damit das Wild nicht über den Zaun kommt.

Die Stämme von Halb- und Hochstämmen werden mit Drahtgitter, Holzlatten oder Brettern gegen Wildverbiss geschützt. Leider kann man niedrige Baumformen damit nicht ausreichend schützen. Hier hilft nur ein lückenloser Zaun, der mindestens eineinhalb Meter hoch sein muss. Die Maschenweite darf keinesfalls zu groß sein. Gegen das Durchschlüpfen von Hasen ist am Boden zu sorgen.

Fallobst, Laub und Fruchtmumien

Abgefallene Früchte, ob groß oder klein, gesund oder krank, dürfen nicht unter den Bäumen liegen bleiben, denn sie locken alle Mäuse, besonders die Wühlmäuse, in den Garten.

Ist das Fallobst noch verwertbar, sollte es in der Küche verwendet werden. Ist es nicht mehr zu gebrauchen, kommt es zur Heißrotte oder in die Mülltonne. Größere Mengen Fallobst kann man auch eingraben.

Es geht nicht nur um die Schädlinge, sondern auch um Pilzkrankheiten. Deswegen ist auch das gesamte Laub unter den Obstbäumen zu entfernen.

Fallobst beherbergt häufig die Maden des Apfelwicklers und die Sporen von Monilia. Typisch für diese Krankheit sind kreisförmig angeordnete Schimmelpolster an der Frucht.

Fruchtmumien

Nach dem Laubfall sind auch alle Fruchtmumien von den Bäumen zu entsorgen. Auch diese dienen der Überwinterung von Schädlingen und verbreiten vor allem Pilzkrankheiten.

Rindenpflege, Stammanstrich

Sollten die Stämme Ihrer Bäume bei Winterbeginn noch nicht gekalkt sein, wäre es noch bald genug, Frostschäden zu vermeiden, denn die meisten Schäden treten im Februar auf.

Wenn das ganze Obst gepflückt ist, werden auch die Wellpapperinge ganz vorsichtig entfernt und verbrannt oder landen ebenfalls in der Mülltonne. Anbringen der Wellpapperinge, siehe Kernobst.

Europäische Hausmaus

Mus musculus. Ihre Feinde sind Katzen, Marder, Ratten, Schleiereulen, Greifvögel, Wiesel, Rotfuchs und Schlangen.

Die Wühlmaus

Arvicola, ist ein Einzelgänger. Die Begattung erfolgt von Mitte März bis Mitte Oktober. Die Trächtigkeit beträgt 20 Tage. Die zwei bis sechs Jungen kommen blind zur Welt und sehen nach neun Tagen. Nach sechs bis acht Wochen sind sie geschlechtsreif.

Mäuse, Wühlmäuse

Wenn die Wühlmäuse auf Nahrungssuche gehen, schädigen sie Bäume und Sträucher und richten auch an Stauden und Zwiebeln großen Schaden an.

Die sicherste Fangmethode ist die Wühlmausfalle. Dazu hebt man mit dem Spaten die Erde heraus und sucht alle Gänge. Nach ca. 20 Minuten ist ein Loch verstopft und darin befindet sich die Maus. Man prüft, ob das Loch ca. 20 cm gerade verläuft und richtet die Falle auf. Das Loch wird nur so zugemacht, dass es noch zieht. Wühlmäuse mögen keine Zugluft. Sie kommen, um das Loch zu schließen und gehen in die Falle.

Obst ernten und lagern

Während wir Kirschen, Pflaumen, Marillen und Pfirsiche direkt vom Baum essen können, unterscheiden wir bei Kernobst eine **Pflückreife** und eine **Genussreife**.

Ein Apfel ist pflückreif, wenn bei einer halben Drehung und leichtem Anziehen sich der Stängel vom Fruchtknoten löst.

Bei Birnen macht man statt der Drehung einen leichten Knick und zieht dann leicht an, wobei sich ebenfalls der Stängel vom Fruchtknoten lösen muss.

Es dürfen auch nicht alle Früchte eines Baumes an einem Tag geerntet werden, denn die von der Sonnenseite reifen früher als jene von der Schattenseite.

Für die Qualität des Lagerobstes ist ganz besonders der Erntezeitpunkt ausschlaggebend. Das gilt für den Geschmack, für die Farbe der jeweiligen Sorte und vor allem ist dieser Zeitpunkt für die Lagerfähigkeit entscheidend.

Nach der Ernte lässt man das Obst noch einige Zeit stehen, bevor es in den Lagerraum kommt.

Nachdem es alle Jahre Unfälle bei der Obsternte gibt, sind Leitern vor Inbetriebnahme zu kontrollieren. Besonders die Kirschenernte hat schon viele Opfer gefordert.

Lagerung

Die Früchte können im Lagerkeller in Regalen, in Kisten aber auch in Beuteln aufbewahrt werden.

Für kleine Mengen und portionsweisen Verbrauch sind **Beutel** vorteilhafter. Zwei bis fünf Kilogramm Äpfel werden in Beutel gefüllt und anschließend luftdicht verschlossen.

In **Kisten** kann auf zwei Arten gelagert werden. Entweder wird die gefüllte Kiste ganz in Folie eingewickelt und die Kiste mit dem Obst luftdicht verschlossen, oder die Kiste wird mit Folie ausgelegt, mit Früchten bestückt und nur das Obst verschlossen.

Leider lassen sich nur Äpfel, und da nicht alle Sorten, in Folien lagern. Die Birnenlagerung ist nicht zu empfehlen.

Vollgefülltes Kellerregal.

Bei Folienlagerung Ernte etwa acht Tage vor der Pflückreife. Verwendung nur lagerfähiger, gesunder Früchte. Einlagerung frühestens zwei, spätestens acht Tage nach der Ernte. Einbringen der lagerfertig bestückten Gebinde in unverschlossenem Zustand in den Lagerraum. Verschließen der Beutel oder Kisten erst, nachdem das Lagergut die Lagertemperatur angenommen hat, um Schwitzwasser zu verhindern.

Einige Tage Nachreife nach der Entnahme der Früchte aus den Folienbehältern. Ein anfangs leicht dumpfer Geschmack verliert sich nach zwei bis drei Tagen.

Stippigkeit

Braune, abgestorbene Flecken im Fruchtfleisch werden durch Kalziummangel in den Zellen verursacht, häufig in trockenen Jahren.

Gegenmaßnahmen: Keine Überdüngung mit Kalium und Magnesium, gute Wasserversorgung und zu schwachen Fruchtbehang verhindern.

Glasigkeit

Das Fruchtfleisch wird an manchen stellen durchscheinend. Ursachen sind ungünstige Wachstumsbedingungen.

Nach einem warmen Herbst beschleunigt sich der Stärkeumbau, wobei Zuckerverbindungen entstehen, die zu Wassereinlagerung führen.

Fleischbräune

Braune Schlieren in der Frucht verursacht durch zu späte Ernte oder Frost.

Gegenmaßnahme: Früh ernten. Nur Kompost düngen. Bodenuntersuchung.

8. Obst - die süße Verführung

Vielleicht war der Paradiesapfel ein Granatapfel.

Der Granatapfel, Punica granatum, wächst auf einem bis zu 5 m hohen Baum oder Strauch und hat wunderschöne Blüten.

Wir wissen nicht, wie Evas Apfel im Paradies geschmeckt hat. Wahrscheinlich war er ziemlich klein, aber süß war er sicher.

Kultivierte Früchte, die einen angenehmen, süßen oder säuerlichen Geschmack haben, verstehen wir unter Obst. Wir essen Obst meist roh, etwa 1/4 kg am Tag.

Kernobst

Unzählige Sorten

Neben dem Kulturapfel, Malus domestica, gibt es 40 bis 55 Arten und mehr als 7.000 Sorten. Die meisten entstanden erst im 18. und 19. Jahrhundert. Der Apfel ist die häufigste Obstsorte in Mitteleuropa.

Apfel

Der Apfelbaum gehört zu den ältesten Kulturpflanzen Europas und ist ein Rosengewächs. Der Kulturapfel kam durch die Römer nach Europa. Zur Zeit der Römischen Kaiser gab es schon über 20 Apfelsorten und die Römer waren es auch, die für eine Weiterverbreitung in Mitteleuropa sorgten.

An apple a day

Ein Apfel pro Tag wird nicht nur in England wegen seiner vielen Inhaltsstoffe empfohlen. Der hohe Fruktoseanteil am Gesamtzuckergehalt wirkt als Konzentrationsstütze und sorgt zugleich für einen ausgewogenen Blutzuckerspiegel, die Voraussetzung für einen gleichmäßigen Schlaf.

Die Fruchtsäuren werden im Körper zu Basen umgebaut, wirken also der Übersäuerung des Gewebes entgegen. Die reichlich enthaltene Apfelsäure zerstört Ansammlungen von Harnsäure, die bei Rheuma und Gicht auftreten.

Äpfel, Apfelsaft und Apfelessig, regelmäßig genossen, wirken als effektive Vorbeugung zahlreicher Alltagsbeschwerden und Krankheiten.

Nicht nur Apfelstrudel

Äpfel sind vielseitig verwendbar. Als Hauptspeise im beliebten Apfelstrudel, als Apfelsaft oder Apfelmost, als Kompott und als Salat mit Sellerie.

Ein großer Teil der Äpfel wird roh im Ganzen gegessen. Die meisten Vitamine befinden sich unmittelbar unter der Schale oder in der Schale, weshalb man sie nicht schälen sollte. Abwaschen der Äpfel, besonders bei gekauften, entfernt eventuell auf der Schale haftende Schadstoffe.

Mehr als Vitamine

Der Apfel ist eine Vitaminbombe. Er enthält zwar bei keinem Vitamin Rekordwerte, dafür ausgewogene Gehalte an allem Notwendigen. Das gilt gleichermaßen für die Mineralstoffe und Spurenelemente.

Zahlreiche der 30.000 bisher identifizierten sekundären Pflanzenstoffe finden sich ebenfalls im Apfel, darunter Phenole und Carotine. Bestimmte Phenolverbindungen schützen vor Thrombosen, Herz-Kreislauf-Erkrankungen und Krebs, hemmen aber auch Viren und Bakterien.

Die über 600 bekannten Carotinverbindungen bewahren die Haut vor UV-Schäden, reinigen die Arterien, kurbeln das Immunsystem an und schützen das Gewebe vor Krebs.

Flavonoide, die Pflanzenfarbstoffe, die gefäßstärkend und antioxidativ wirken, befinden sich zum größten Teil in der Schale oder unmittelbar darunter, daher mit Schale essen. Äpfel wirken auch gegen Verstopfung.

Für eine gute Verdauung sollte man täglich Äpfel essen. Äpfel sollten für sich allein oder mit anderen Lebensmitteln auf leeren Magen gegessen werden. Sie verweilen nämlich nur kurze Zeit im Magen und wenn gekochte Speisen ihnen den Weg versperren, kann es zu Blähungen kommen.

Feuerbrandbakterium

Erwinia amylovora. Folgende Pflanzen gelten als Wirtspflanzen: Apfel (Malus), Birne (Pyrus), Zwergmispel (Cotoneaster), Weißdorn (Crataegus), Feuerdorn (Pyracantha), Eberesche (Sorbus), Zierquitte (Chaenomeles), Mispel (Mespilus), Wollmispel (Eriobotrya), Stranvaesie (Stranvaesia).

Die Infektion

erfolgt über Wunden und Blüten. Übertragen der Krankheit erfolgt durch Insekten, Wind, Regen, Vögel, Werkzeuge und Mensch.

Im Frühjahr und Sommer kommt es zum Absterben der Blüten, Blätter und Triebe. Die Infektionszeit besteht den ganzen Sommer, wenn auch die Hauptinfektionszeit im Frühjahr liegt.

Robuste Apfelsorten

Geringe Anfälligkeit gegen Schorf, Krebs, Mehltau und Feuerbrand zeigen diese Sorten. (nach Dr. S. Bernkopf, Linz).

Berner Rosenapfel, Coulons Renette, Danziger Kantapfel, Discovery, Gelber Bellefleur, Haslinger, Himbeerapfel von Holowaus, Jakob Fischer, Kaiser Wilhelm, Kronprinz Rudolf, Plankenapfel (Schmidberger Renette), Rheinischer Bohnapfel, Rheinischer Krummstiel, Rote Sternrenette, Weißer Klarapfel, Winterzitronenapfel.

Achtung Feuerbrand!

Das stete Vordringen des Feuerbrandes ist ein Beispiel für die weltweite Verschleppung von Pflanzenkrankheiten und Schädlingen zwischen den Staaten und Kontinenten.

So wurde das Auftreten dieser gefährlichen Pflanzenkrankheit an Äpfeln, Birnen und Quitten, sowie verschiedenen Sträuchern erstmals vor 200 Jahren aus dem Osten der USA berichtet. Erst sehr viel später, 1957, wurde das Bakterium in Europa (England) nachgewiesen.

Heute sind die meisten Staaten Europas Befallsgebiet. In Österreich trat Feuerbrand erstmals 1993 in Vorarlberg auf, von wo er sich nach Osten ausbreitete.

Vor allem bei den so landschaftsprägenden Streuobstwiesen forderte der Feuerbrand Tausende Opfer unter Mostbirnen- und -apfelbäumen.

Auch Bakterienbrand (siehe Steinobst) und Pilzkrankheiten verursachen ähnlich aussehende Schäden.

Feuerbrand ist immer noch eine Gefahr, wie man auf diesem Bild von September 2009 sieht.

Wie erkennt man Feuerbrand?

Erkrankte Blüten und Triebe welken. Sie verfärben sich zunächst braun, später mitunter schwarz. Von diesen Infektionsstellen kann sich die Krankheit auf benachbarte Triebe, stärkere Äste und Stamm ausbreiten.

Die abgestorbenen, eingetrockneten Blüten, Blätter und Früchte bleiben an den Bäumen hängen. Die erkrankten Triebspitzen krümmen sich infolge Wassermangels meist U-hakenförmig.

Die Krankheit verläuft bei sehr anfälligen Sorten schnell und mit großer Intensität. Die Pflanzen sehen dann wie verbrannt und verdorrt aus. Bei weniger anfälligen Sorten ist der Krankheitsverlauf dagegen milder und ein Befall kann oft nur durch eine genaue Überprüfung festgestellt werden.

Keine scharfe Grenze zwischen lebendem und totem Ast ist ebenfalls typisch für Feuerbrand.

Bemerkt jemand die genannten Symptome, ist sofort die Gemeinde oder der zuständige Feuerbrandbeauftragte zu verständigen. Diese Krankheit ist meldepflichtig. Das heißt, dass jemand, der verdächtige Wirtspflanzen sieht, dies zu melden hat. Nur so kann die Ausweitung dieser Bakterienkrankheit eingeschränkt werden.

Roden oder nicht

Bei Feuerbrand muss entweder gerodet werden oder bei geringerem Befall erfolgt ein Rückschnitt bis ins gesunde Holz. Fachgerechte Entsorgung des Schnittmaterials und Desinfektion der Arbeitsgeräte ist unbedingt erforderlich.

Nicht eindeutige Fälle werden an ein Labor geschickt, was mit zusätzlichen Kosten verbunden ist.

Nur wenn laufend alle Wirtspflanzen beobachtet werden, ist eine Eindämmung dieser Seuche möglich.

Triebspitzendürre

Monilia laxa. Großzügiger Rückschnitt bis ins gesunde Holz.

Apfelschorf

Venturia inaequalis. Die Überwinterungsorgane befinden sich auf dem Falllaub und die Pilzsporen werden schon im März milliardenweise durch den Wind vertragen.

Schon vor der Blüte beginnt die Infektion der kleinen Blättchen. Auf den Blattflecken entstehen sogenannte Sommersporen, die bei feuchtem Wetter immer neue Blätter und auch Früchte infizieren.

Schorfige Flecken an den Früchten.

Es gibt Apfelsorten, die weniger empfindlich sind wie Prima, Boskop, Champagner Renette, Priscilla, Florina und Topaz und viele, die mit Re- beginnen.

Wespen

Füchte werden z. B. durch Wespen beschädigt. Um sie zu fangen, füllt man Wespengläser mit Fruchtsäften, verdünnt mit Wasser, bis zur gekennzeichneten Marke. Wichtig ist es, einen Schuss Essig beizumischen, damit keine Bienen hineinfliegen. Hornissen sind eine geschützte Art.

Pilzkrankheiten

Gerade im März ist die Gefahr der Infektion von Pilzen im Obstgarten groß. Pilze verbreiten sich durch sogenannte Pilzsporen. Es sind mikroskopisch kleine, sich millionenweise bildende Pilzsporen, die durch Wind, Regen, jedoch auch durch Werkzeuge übertragen werden.

Schorf

Die am häufigsten auftretenden Pilzsporen sind jene vom Schorf, die gerade in den letzten Jahren stark zugenommen haben.

Nach jedem Regen ist den ganzen Sommer mit starkem Befall zu rechnen. Birnenschorf überwintert zusätzlich auf den Trieben. Von dort werden schon beim Austrieb die Blättchen befallen.

Daher ist es besonders wichtig, im Herbst das Falllaub restlos zu entfernen und zu vernichten. Wird es kompostiert, fliegen die Sporen von dort aus. Wer das Laub im Herbst nicht entsorgt hat, sollte dies so bald wie möglich erledigen.

Fruchtmonilia

Monilia fructigena. Fruchtmonilia und weitere zehn Moniliaarten treten auf, sobald eine Beschädigung einer Frucht erfolgt. Es bildet sich ein Pilzsporenrasen an der Frucht, bei Kernobst auch ringförmig.

Die Wespengläser sollten schon im April aufgehängt werden, da man zu dieser Zeit die Königinnen fängt.

Obstbaumkrebs

Nectria galligena tritt bei uns immer häufiger auf. Der Pilz dringt durch Verletzungen ein und bringt oft Jungbäume in wenigen Vegetationsjahren zum Absterben und macht ältere Bäume innerhalb weniger Jahre nicht mehr richtig ertragsfähig, ja sie sind sogar eine Infektionsgefahr.

Solche Stellen sind mit einer Hippe bis zum gesunden Teil auszuschneiden. Die entstandenen Wunden sind sofort mit einem Wundverschlussmittel zu verstreichen. Alle Abfälle sind sorgfältig zu entsorgen.

Am auffälligsten ist der Krebsschaden an älteren Bäumen. An der Infektionsstelle bilden sich Wucherungen. Typisch für den Obstbaumkrebs ist die Ausbildung von Überwallungswülsten. Teile des Holzkörpers sterben ab und Hohlkehlen bleiben zurück. Dadurch sterben oberhalb solcher Schäden auch Äste ab.

An jüngeren Bäumen entsteht ein Fleck abgestorbenen Rindengewebes. Unter der toten Rinde ist das Holz braun verfärbt. Auf Wunden oder feine Verletzungen siedelt sich ein Schwächeparasit an.

So kann man die kranke Stelle umgehen. Bypass, operiert von Helmut Stundner.

Tierische Schädlinge

Blattläuse

Im Mai kommt es in der Regel beim Kernobst zu starkem Auftreten von Blattläusen.

Etwa 850 Blattlausarten leben in Europa. Die Fortpflanzung erfolgt durch Jungfernzeugung über mehrere Generationen, dann bildet sich eine geflügelte Generation, die sich geschlechtlich fortpflanzt. Einige Baumlausarten sind als Honigtauproduzenten für die Bienen wichtig.

Bitte nur mit nützlingsschonenden Mitteln bekämpfen, damit wir unsere Helfer nicht selber umbringen. Bei einzelnen Pflanzen kann man die Läuse abstreifen und zerdrücken. Abwaschen mit dem Wasserstrahl dezimiert die Läuse auch und hilft, bis sich die Nützlinge entsprechend vermehrt haben. Schmierseifenlösung sprühen. 1 Esslöffel Schmierseife auf 1 l Wasser.

Apfelblüte und Blattläuse an den Blättern.

Die Larve des Marienkäfers frisst Unmengen Blattläuse.

Die Blutlaus, Eriosoma lanigerum, stammt aus wärmeren Zone. Einen Winter überstehen nur jüngere Läuse, wenn sie rechtzeitig geeignete Verstecke im Wurzelbereich aufsuchen und es außerdem nicht kälter wird als minus 25 Grad C.

Blutlaus

An Apfelbäumen macht sich ein Blutlausbefall durch die typischen wattebauschähnlichen Kolonien im Sommer bemerkbar. Im Herbst verschwinden die Watteflöckchen.

Der Rüsselkäfer, Anthonomus pomorum, legt seine Eier in die ungeöffnete Blüte. Diese entfaltet sich nicht und es gibt braune, ballonförmige Gebilde, die sich nicht öffnen. Darin frisst die ausgeschlüpfte Raupe die Staubgefäße und Stempel und verpuppt sich anschließend. Jetzt findet man nur mehr einen kleinen schwarzen Käfer der an den Blättern frisst.

Apfelblütenstecher

Die drei bis vier Zentimeter langen Käfer verbringen ihre lange Winterruhe unter Laub, Flechten oder Rinde. Man findet sie auf Apfel- und Birnbäumen.

Bei den Buschbäumen kann man die Ballone zerdrücken.

Die Nachtfalter, Cydia pomonella, haben unter Borkenschuppen in einem festen Gespinst oder im Boden überwintert und sich Ende April verpuppt. 20 bis 80 Eier pro Weibchen werden meist einzeln an den jungen Früchten, selten an den Blättern abgelegt. Acht bis vierzehn Tage nach der Eiablage schlüpfen die ersten Raupen. Sie kriechen auf der Frucht umher und fressen an der Apfelschale. Nach drei bis vier Tagen bohren sie sich in die Frucht hinein.

Viele der wurmigen Äpfel fallen vorzeitig ab. Diese sind aufzulesen und zu vernichten, damit sich die Made nicht verpuppen kann.

Apfelwickler

Da ist der Wurm drin!

Ab Mitte Mai treten die ersten Apfelwickler auf.

Im Frühling sollte man, sofern es nicht im Herbst geschehen ist, die Baumstämme mit einer Drahtbürste abkratzen und die unter der Borke überwinterten Puppen vernichten.

Durch Aufhängen von Pheromonfallen im Mai können die etwa auftretenden Männchen des Schädlings in die Falle gelockt und durch die beleimte Fläche gefangen werden.

Der Duftstoff in den Pheromonfallen täuscht den Männchen ein Weibchen vor. Dadurch wird die Zahl der befruchteten Weibchen reduziert.

Wellpappering

Im Juni bringen wir Wellpapperinge an den Stämmen an. Dadurch wird der Befallsdruck von Jahr zu Jahr verringert.

Die Larven kriechen in die Röhren der Wellpappe.

In den Röhren sind die verpuppten Larven.

Bei uns kommt der Apfelwickler in zwei Generationen vor, wobei der Schaden der zweiten Generation wesentlich höher ist als jener der ersten Generation.

Man verwendet normale Wellpappe, die man in ca. 15 cm breite Streifen schneidet und zweimal um den Stamm wickelt. Zugebunden wird im oberen Drittel.

Die Obstmaden lassen sich an einem Faden zu Boden gleiten und suchen sich, wenn sie an den Stamm kommen, unter der Rinde ein Versteck. Dabei kommt ihnen der Wellpappestreifen gerade recht. Hier können sie sich verpuppen.

Kommen sie am Boden herunter, verpuppen sie sich im Boden oder kriechen am Stamm hoch und gelangen wieder zum Wellpappering.

Frostspanner

Kaum haben die Blätter ausgetrieben, sind sie auch schon kahlgefressen. Raupen, die sich aufbuckeln, seilen sich Anfang Mai am Spinnfaden ab und verpuppen sich im Boden.

Kleiner Frostspanner, Operopthera brumata. Großer Frostspanner, Erannis defoliaria. Anfang Oktober fliegen die Schmetterlinge. Die flugunfähigen Weibchen kriechen den Stamm hinauf. Auf dem Weg in die Kronen paaren sie sich und legen ihre Eier an die Knospen.

Typischer Buckel der Raupe.

So gut getarnt sieht man den Spanner kaum.

Spätestens Anfang Oktober sind um die Baumstämme und Pfähle Leimringe zum Fangen der flügellosen Frostspannerweibchen anzulegen. Dadurch erübrigen sich im kommenden Frühjahr Spritzungen gegen die gefräßigen Raupen.

Citrusbockkäfer

Aus China eingeschleppt, befällt er Laubbäume und bringt sie zum Absterben.

Befallene Bäume sind häufig an den großen runden, meist nahe der Wurzel gelegenen Ausschlupflöchern des Käfers mit einer ungefähren Größe einer 1-Cent-Münze zu erkennen.

Anoplophora chinensis.

Er ist 21 bis 37 mm groß, auf seinem glänzend schwarzen Rücken sind deutlich weiße Punkte zu erkennen, seine auffallend langen Fühler sind schwarz-hell gestreift.

Kulturbirne, Pyrus communis.

Robuste Birnensorten

Alexander Lucas, Clairgeau Butterbirne, Doppelte Philippsbirne, Gellerts Butterbirne, Harrow Sweet, Herzogin Elsa, Kongressbirne, Moonglow Super, Uta. (Dr. S. Bernkopf).

Gute Luise.

Nashi Birne. Pyrus pyrifolia.

Birnenschorf

Venturia pierina. Weniger anfällig sind Conferénce, Clapps Liebling, Bosc`s Flaschenbirne, Bunte Juli, Doppelte Philipps, Frühe von Trévoux, Gräfin von Paris, Gute Graue, Madame Verte, Petersbirne, Prinzessin Marianne, Triumph von Vienne und Vereinsdechantsbirne.

Der Pilz Gymnosporangium fuscum od. sabinae braucht den Wacholder, Juniperus sabina, zum Überwintern.

Birne

Birnen haben viel weniger Säure als Äpfel, einen hohen Eisengehalt, relativ viel Kalzium, sowie Phosphor. Sie wirken entwässernd, nervenstärkend und gegen Blutarmut.

Birne Uta.

Steinzellen in Birnen, Quitten und Pflaumen

Im Fruchtfleisch sind zahlreiche Klumpen von Steinzellen. Dellen, Buckel und Verkrüppelungen deuten auf eine Viruskrankheit hin.

Befallene Bäume vernichten. Virusfreie Sorten kaufen.

Bormangel kann auch eine Ursache sein. Zu viel Kalk im Boden bindet Bor.

Torf oder sauren Kompost aufbringen.

Birnengitterrost

Die Blätter der Birnbäume bekommen zuerst orange Flecken und später bilden sich auf der Unterseite der Blätter knorpelartige, orangerote Pusteln. Nur selten werden Fruchtstiele oder Früchte befallen.

Ist ein Wacholder einmal befallen, wird dieser jedes Jahr befallen und sollte daher gerodet werden. Wenn er jedoch einem Nachbarn gehört, wird das vielleicht nicht möglich sein.

Am befallenen Wacholder brechen von März bis April braune, blasenartige Sporenlager heraus. Bei Regen werden sie aufgeweicht zu einer leimartigen Sporenmasse. Im feuchten Zustand werden die Winterpilzsporen durch Insekten, im trockenen Zustand durch Wind auf die Birnenblätter übertragen.

Bei Buschbäumen sollten bei schwachem Befall die kranken Blätter entfernt werden.

Birnentriebwespe

Janus compressus.

Die Triebspitzen krümmen sich hakenförmig und bei genauem Betrachten sieht man spiralenförmige Einstiche, oft nur mit einer Lupe zu erkennen. Die Symptome sind ähnlich wie beim Feuerbrand.

Die befallenen Triebe sind sofort abzuschneiden und zu vernichten.

Wertvolle Birnensorten sollte man an der Südwand als Spalier ziehen.

Quitte

Nicht nur Quittengelee, auch die herrlichen Blüten sind Grund genug, eine Quitte zu pflanzen. Aber Achtung: Quitten sind feuerbrandgefährdet.

Apfelquitte im Botanischen Garten Frankenburg.

Cydonia oblonga. Nach der Form der Früchte unterscheidet man Apfelquitten, C. o. maliforma, und Birnenquitten, C. o. oblonga.

Die Zierquitte, Choenomeles japonica, kann ebenfalls in der Küche verwendet werden.

Blüte, Birnen- und Apfelförmige Quitten.

Saftig und süß sind die Früchte mit dem verholzten Kern, daher lohnt sich ein Versuch auf jeden Fall. Für die frostempfindlichen Bäume muss man die Bedingungen verbessern und wenn man einige Besonderheiten beim Schnitt beachtet, hat man vollreife Früchte, die man sonst nicht so leicht bekommt.

Rote Blätter im Sommer deuten bei Kernobst auf Bakterienbrand.

Bakterienbrand

Wird durch das Bakterium Pseudomonas syringae pv. morsprunorum hervorgerufen. Im Herbst bilden sich an der Rinde eingesunkene Flecken, die im Frühling aufreißen, dann werden die Blätter infiziert, die schrotschussähnlich aussehen.

Befallene Partien bis ins gesunde Holz ausschneiden. Kein Winterschnitt. Stämme kalken.

Schrotschusskrankheit

wird beim Steinobst, besonders bei den Kirschen immer ärger. Die Blätter sehen aus, wie mit einem Schrotgewehr durchschossen.

Der Pilz Stigmina carpophila verursacht nach dem Austrieb an den Blättern kleine karminrote Flecken. Später stirbt das Gewebe ab und man sieht ganz kleine Löcher. So, wie wenn jemand mit einem Schrotschussgewehr geschossen hätte, wovon auch der Name herkommt. Das beginnt bei den unteren Ästen, die mit der Zeit absterben und geht immer weiter nach oben, bis der ganze Baum abgestorben ist.

Die Schrotschusskrankheit kann nur vorbeugend behandelt werden. Im biologischen Landbau wird das Mulchen der Baumscheibe und das Bepflanzen mit Knoblauch und Zwiebeln empfohlen. Weiters Kupfer, Netzschwefel und Tonerdepräparate.

Gummifluss

Auch Frost, Bakterien, Verletzungen, und Pilze verursachen Gummifluss.

Gummose wird durch eine Störung im Wasserhaushalt verursacht.

Kirsche

Ein Kirschbaum sollte in keinem Garten fehlen. Eigentlich braucht man zwei, da sich die meisten Sorten nicht selbst befruchten. Kleinwüchsige Bäume bewahren vor Kirschbaumstürzen.

Ein Netz hält Vögel fern. Natürlich kann man das nur über kleine Bäume hängen.

Keine Piemontkirschen. Die kommen nämlich nicht aus Italien sondern aus aller Welt.

Kirschfruchtfliege

Rhagoletis cerasi. Flugzeit Ende Mai bis Anfang Juli. Sehr frühe und sehr späte Sorten werden nicht befallen.

Da Gelbtafeln früher als die Kirschen wahrgenommen werden, fliegen die Kirschfruchtfliegen hin und bleiben kleben. Dadurch werden sie dezimiert und weniger Kirschen wurmig.

Weichsel, Sauerkirsche

Besonders wichtig ist der Schnitt bei den Sauerkirschen, damit die so genannten Peitschentriebe vermieden werden.

Süßkirschen, Prunus avium oder Cerasus vulgaris.

Herzkirsche, P. avium juliana.

Knorpelkirsche, P. avium duracina.

Empfehlenswerte Sorten

Große Schwarze Knorpelkirsche, Hedelfinger Riesenkirsche, Kassins Frühe Herzkirsche, Schneiders Späte Knorpelkirsche, Van, Ludwigs Frühe, Sunburst.

Kirschbäume werden nach der Ernte geschnitten.

Alleine die Kirschblüten sind schon ein Fest.

Ende Mai werden Gelbtafeln an der Südseite der Kirschbäume angebracht, wenn die Kirschen mit dem Umfärben von Grün auf Gelb beginnen. Pro Meter Höhe sollte eine Gelbtafel angebracht werden.

Prunus cerasus. Köröser Weichsel und Kassins Frühe brauchen eine Befruchtersorte, z. B. eine Schattenmorelle. Schattenmorellen wie Morellenfeuer tragen am vorjährigen Holz.

Marille

Herrlich mundende Früchte, die man auch für Knödel verwenden kann und für echte Marillenmarmelade, damit man nicht Aprikosenkonfitüre kaufen muss.

Prunus armeniaca. Meist selbstfruchtbar.

Steinobst ist nach der Ernte zu schneiden.

Schlag

Innerhalb weniger Tage welkt ein ganzer Ast und stirbt ab. Pilzsporen, Viren, Maden oder eine Wurzelkrankheit sind mögliche Ursachen. Ausschneiden bis ins gesunde Holz. Wundverschlussmittel.

Pfirsich, Nektarine

Prunus persica. Selbstfruchtbar.

Pfirsiche mögen warme Hausmauern.

Die aufgehenden roten Blüten bereichern allein schon mit ihrem Aussehen den Garten im Frühling. Im Spätsommer erwartet Sie absoluter Fruchtgenuss.

Nektarinen zeichnen sich durch ihre glatte Haut aus.

Die Nektarine ist eine Mutation des Pfirsich mit mehr Vitamin A.

In seinem Herkunftsland China ist der Pfirsich schon seit 4.000 Jahren bekannt. Er wird hauptsächlich in südlichen Regionen angebaut, doch es gibt auch relativ winterharte Sorten, die auch außerhalb der Weinbaugebiete gut gedeihen.

Da die Früchte ausgezeichnet schmecken und die Bäume nicht nur zur Blütezeit einen hohen Zierwert haben, ist der Pfirsich ein beliebter Baum.

Wegen ihrer hohen Winterfrostempfindlichkeit sollten Pfirsiche erst im späten Frühling gepflanzt werden.

Kräuselkrankheit

Diese Pilzkrankheit kommt besonders bei den gelbfleischigen Pfirsichsorten vor. Auch Mandelbäume können infiziert werden.

Bald nach dem Austrieb kräuseln sich die Blätter. Schuld ist der Pilz Taphrina deformans, der von Juni bis Februar in Knospenschuppen und Trieben lebt. Wenn im März Regen fällt, dringt er in die sich öffnenden Knospen.

Durch Neuaustrieb erholt sich der Baum etwas, doch im Folgejahr gibt es kaum Früchte.

Beim Kauf resistente Sorten bevorzugen. Auslichten der Krone sorgt für weniger Feuchtigkeit.

Das Blattgewebe verdickt sich und verfärbt sich je nach Sorte weißlich-grün oder karminrot. Die befallenen Blätter werden immer dunkler und sterben oft schon im Frühsommer ab.

Pflaume, Zwetschke

Echte Pflaume. Prunus domestica.

Edelpflaume oder **Ringlotte**, Reneclaude. Prunus domestica italica. Kugelig mit grünlich weißem Fleisch. Aromatisch süß. Hauszwetschken sind gute Pollenspender.

Zwetschke. Prunus domestica domestica. Frühzwetschken verlangen geschütztere Lagen. Die Hauszwetschke gedeiht in weniger günstigen Lagen und ist selbstfruchtbar.

Mirabelle, Kriecherl. Prunus domestica insititia. Kugelig gelb mit roten Backen. Sehr süßes Fleisch.

Kirschpflaume. Prunus cerasifera. Myrobalane. Türkenbeere. Rotblättrige Sorten werden als Blutpflaume bezeichnet. Die früh reifenden Früchte sind gelb, kirschrot oder violett. Mit Mirabellen vergleichbar.

Zibarte. Prunus domestica prisca, Spilling. Prunus dom. pomariorum.

Empfehlenswerte Sorten

Bühler Frühzwetschke, Große Grüne Reneklode, Hauszwetschke, Nancy-Mirabelle, Ontariopflaume, The Czar, Wangenheims Frühzwetschke.

Pflaumenwickler

überwintern gleich wie der Apfelwickler und treten auch im Mai und Juni in Erscheinung.

Beim Pflaumenwickler, Grapholita funebrana, beginnt die Eiablage 2-3 Wochen nach der Blüte. Die Raupen überwintern meistens in der Borke am Stamm.

Narren- oder Taschenkrankheit

Nach Infektion mit dem Pilz Taphrina pruni entwickeln sich deformierte Früchte, die verfaulen. Ein lockerer Kronenaufbau beugt vor.

Keine Dörrzwetschke. Fruchtmumien sollen von den Bäumen entfernt werden.

Befallene Früchte vernichten. Auch hier sind Pheromonfallen zweckmäßig. Dadurch wird die Zahl der befruchteten Weibchen und folglich die Anzahl der wurmigen Früchte wesentlich reduziert. Spezielle Schlupfwespen, Trichogramma, legen ihre Eier in die des Pflaumenwicklers.

Weit höher als haushoch wird so ein Nussbaum.

Die hartschaligen Obstarten sind keine eigene botanische Gruppe. Die Walnuss hat eher mit Steinobst zu tun und die Maroni ist ein Buchengewächs. Sie hat nichts mit Rosskastanien zu tun.

Walnuss

Juglans regia. Nur veredelte Sorten, die ohne Fremdbefruchtung auskommen, lohnen den Anbau in großen Gärten.

Nussbäume sollten, wenn kein dringender Bedarf besteht, nicht geschnitten werden. Ist es dennoch nötig, weil Äste schon zum Fenster kommen, ist September die günstigste Jahreszeit. Letzter Zeitpunkt ist, wenn die Früchte reif sind. Doch gehen auch hier die Meinungen von Fachleuten auseinander.

Walnussfruchtfliege

Rhagoletis completa. Die Eiablage in der grünen Fruchthülle lässt diese schwarz werden.

Auch Bakterienbrand führt zum Schwarzwerden.

Maroni, Edelkastanie

In Weinbaugebieten und geschützten Lagen wachsen die Edelkastanien. Die Blüten öffnen sich spät von Mai bis Mitte Juni. In raueren Gebieten reifen die Früchte oft nicht aus.

Castanea sativa. Die Maroni sitzen in einem stacheligen Gehäuse.

Edelkastanien brauchen einen Bestäuber in der Nähe.

Abgetragene Fruchttriebe werden um die Hälfte gekürzt. Die alten Haupttriebe werden nach und nach entfernt. Die schwächlichen Bodentriebe werden abgeschnitten.

Haselnuss

Corylus avellana.

Pimpernuss

Staphylea pinnata, wird auch Klappernuss genannt.

In der Samenkapsel des 1 - 3 m hohen Strauchs klappert eine kleine Nuss, die nach Pistazien schmeckt.